Sahra Wagenknecht • Gerhard Zwerenz

Die grundsätzliche Differenz

Sahra Wagenknecht: Geboren 1969 in Jena. 1976-1988 Schule in Berlin, Abschluß Abitur. 1990-1996 Studium der Philosophie und Neueren Deutschen Literatur in Jena, Berlin, Groningen, Abschluß Sept. 1996; z. Zt. Vorbereitung der Dissertation an der Universität Groningen.
1989 SED-Beitritt. 1991-1995 Mitglied des Parteivorstands der PDS. Seit 1991 Mitglied der Leitung der Kommunistischen Plattform der PDS. 1998 Direktkandidatin der PDS Dortmund zur Bundestagswahl (3,25 % der Erst- und 2,12 % der Zweitstimmen).
Bücher: "Antisozialistische Strategien im Zeitalter der Systemauseinandersetzung" (1994); "Zu jung, um wahr zu sein? – Gespräche mit Sahra Wagenknecht" (1995); "Vorwärts und Vergessen?" (1996); "Vom Kopf auf die Füße? Zur Hegelrezeption des jungen Marx ..." (1997); "Kapital, Crash, Krise ... – Kein Ausweg in Sicht? Fragen an Sahra Wagenknecht" (1998).

Gerhard Zwerenz: Geboren 1925 in Sachsen. Kupferschmiedelehre. Als Wehrmachtssoldat 1944 bei Warschau desertiert. Gefangenschaft. In Minsk zur Volkspolizei verpflichtet, Rückkehr Ende 1948. Philosophiestudium in Leipzig. 1957 Parteiausschluß wegen oppositioneller Tätigkeit und Flucht in die BRD. Seither tätig als Schriftsteller und Publizist. 1994-1998 als Parteiloser Bundestagsmitglied für die PDS.
Veröffentlichungen: Seit 1956 mehr als 100 Bücher sowie Theaterstücke und Hörspiele. Arbeiten für Funk und Fernsehen.
Seine Publikationen boten häufig Stoff für gesellschaftliche Debatten. So gilt der Roman "Casanova oder der Kleine Herr in Krieg und Frieden" (1966) als Beginn einer neuen erotischen Freizügigkeit. Die Streitschrift "Antwort an einen Friedensfreund" (1982) leitete den Konflikt im deutschen Schriftstellerverband ein. "Soldaten sind Mörder" (1988) führte zu 25 Ermittlungsverfahren und einer Hauptverhandlung mit Freispruch.

Sahra Wagenknecht
Gerhard Zwerenz

Die grundsätzliche Differenz

Ein Streitgespräch in Wort und Schrift

Dingsda-Verlag

Der Dingsda-Verlag setzt mit diesem Buch seine Reihe "Streitgespräche" fort, die im Jahre 1997 mit "Unendliche Wende", einem ergebnisoffenen Disput von Hermann Kant und Gerhard Zwerenz – über alte Feindschaften und neue Kooperationspotenzen, über Stärken und Schwächen der linken Strömungen in Vergangenheit und Gegenwart –, eröffnet wurde.
Das hier dokumentierte Gespräch fand am 24.3.1997 in Halle im "Künstlerhaus 188" vor etwa 200 Zuhörern statt. Nicht wenige der Anwesenden bedauerten, daß manches Problem wegen der Kürze der Zeit nicht ausdiskutiert werden konnte. Der Dingsda-Verlag bot daher den Autoren an, weiterführende Gedanken in zusätzlichen Texten darzulegen. Im Abschnitt "Die Fortführung des Streits" werden die Früchte dieses Folgedialogs dargeboten, wobei sowohl Sahra Wagenknecht als auch Gerhard Zwerenz ihre Sichtweise argumentiert darlegen und die Positionen ihres Streitpartners zu entkräften suchen – ein Dokument überragender Sachkunde und hoher linker Streitkultur.

Herausgegeben von Joachim Jahns

1. Auflage 1999

Nebraer Str. 22, 06268 Querfurt

Satz und Lektorat: Peter Slama
Moderation des Gesprächs: Dr. Christa Gießler (Autorin)
Umschlag: Joachim Jahns und Klaus Nitsch
Foto auf der Titelseite: S. Wagenknecht im Wahlkampf 1998
Foto auf der Rückseite: G. Zwerenz mit Dr. habil. G. Kraus
in der Realismusgalerie "obenauf" in Halle
Fotos: Privatarchiv S. Wagenknecht (1), Dr. Angelika Kraus (2)
Druck und Binden: Wiener Verlag, Himberg
ISBN 3-928498-72-X

Der Streit

Christa Gießler: Ich begrüße Sie alle sehr herzlich zu diesem Abend. Ich denke, wir haben so beredte und polemisch erfahrene Gäste, daß ich mich als Moderatorin weitestgehend zurücknehmen kann und unsere Gäste, Frau Wagenknecht und Herr Zwerenz, diesen Abend – im Wortsinn – be*streiten* werden. Im Anschluß an das Gespräch werden auch Sie, so hoffe ich, Gelegenheit finden und sicher auch nehmen, Ihre Fragen an unsere Gäste zu richten oder Ihre Meinung zu den angesprochenen Problemen darzulegen.
Ich bekenne, daß ich mich im Vorfeld der heutigen Diskussion erstmals ein Stück weit mit Auffassungen von Sahra Wagenknecht auseinandergesetzt habe – mein Sohn hat mich dazu provoziert, weil er ihre Texte schon geraume Zeit liest. Mit Gerhard Zwerenz' Positionen bin ich schon längere Zeit vertraut, weil ich als "Auch-Autor" des Dingsda-Verlags bereits des öfteren Gelegenheit hatte, mich mit ihm auszutauschen. Überraschend für mich war, daß ich bestimmte Positionen eigentlich umgekehrt erwartet hätte, und ich mußte mich stellenweise ein wenig korrigieren – vielleicht liegt das in Klischeevorstellungen und Pauschalurteilen begründet, die jemand entwickelt, der eine ganz bestimmte Biographie hinter sich weiß ...
Meine erste Frage geht relativ weit zurück in die DDR-Geschichte, hat aber sicherlich auch einen engen Bezug zum heutigen Thema "Den Sozialismus in seinem Lauf ..." Ich möchte Sie beide fragen,

wie Sie die Rolle von Walter Ulbricht in jener Zeit einschätzen. Gerhard Zwerenz, der nach seiner Desertion von der deutschen Wehrmacht und darauffolgender russischer Kriegsgefangenschaft in Leipzig seinen Weg – als Philosoph, dann als Schriftsteller, und immer als streitbarer Politiker – begonnen hat, hat die Politik von Walter Ulbricht persönlich erlebt, und ich kenne einige seiner Auffassungen und Reibungen mit dieser Politik. In Sahra Wagenknechts Buch überraschte mich ein Bild von Walter Ulbricht, das ich *so* nicht erwartet hätte. Walter Ulbricht wird von der Autorin im großen und ganzen sehr positiv gezeichnet: als jemand, der sehr konsequent war, der einen sehr *menschlichen* Sozialismus gewollt und vertreten hat, der zudem ziemlich schlitzohrig und raffiniert war – alles in allem eine Darstellung, die ich, als zumindest über eine Reihe von Jahren durchaus wache Zeitgenossin, so nicht nachvollziehen kann. Frau Wagenknecht, wie sehen Sie Walter Ulbricht, wie diese ersten Jahre des Wachsens und Werdens eines neuen gesellschaftlichen Modells in der DDR?

Sahra Wagenknecht: Mir wird in diesem Falle die *Un*gnade der späten Geburt zuteil. Natürlich kann ich Walter Ulbricht nicht als Zeitgenossin beurteilen. Und sicher ist es immer glaubwürdiger, wenn jemand sagen kann: Ich habe es aber selbst so und so erlebt. Dagegen komme ich mit meinem ganzen Bücherwissen nicht an. Andererseits kann das Nicht-dabei-gewesen-Sein aber zumindest einen Vorteil haben: Man ist weniger befangen. So oder so: Ob geschichtliche Wertungen zutreffen oder nicht, ist ganz bestimmt keine Frage des persönlichen Erlebens. Sonst gäbe es überhaupt keine adäquate

Geschichtsschreibung, die mehr als achtzig Jahre zurückreicht.
Wenn ich mich mit Sozialismus-Geschichte, speziell mit DDR-Geschichte, beschäftige, geht es mir außerdem in erster Linie gar nicht um Vergangenes, sondern um Zukünftiges. Wir müssen die Frage, warum dieser erste Versuch einer sozialistischen Gesellschaft gescheitert ist, beantworten können, wenn wir als Sozialisten und Kommunisten für die Zukunft wieder glaubwürdig werden wollen. Es geht darum, aufzuzeigen, wo es in diesem ersten Versuch schon Ansätze einer menschlicheren Gesellschaft gab, auf welche Erfahrungen man zurückgreifen kann. Natürlich ist dabei gleichzeitig aufzudecken, welche Fehler begangen wurden, woraus man lernen muß und was sich nie wiederholen darf. Das heißt, wenn Linke heute über die Vergangenheit diskutieren, diskutieren sie zugleich darüber, wie es weitergehen soll, wie eine gesellschaftliche Alternative zum Kapitalismus künftig aussehen und funktionieren kann. Denn daß die kapitalistische Ordnung keine Perspektive bietet, das beweist sie täglich: Immer mehr Menschen werden ausgegrenzt, in Armut und unwürdige Verhältnisse abgedrängt. Selbst das Leben derer, die noch Arbeit haben, wird immer härter und unsicherer. Jenseits der Metropolen herrscht längst offene Barbarei. Und die Industrieländer steuern zielsicher in die gleiche Richtung.
Wenn ich unter diesem Blickwinkel die DDR-Geschichte betrachte, fallen mir als positiver Aspekt insbesondere die Reformen der 60er Jahre ins Auge. Ich denke da vor allem an das Neue Ökonomische System, aber auch an bestimmte Veränderungen im politischen Bereich, in der Jugendpolitik usw. Gerade zur Konzeption des NÖS habe ich sehr viel ge-

lesen. Meines Erachtens lagen damals erfolgversprechende Ideen vor, wie man gesellschaftliche Produktion auf Basis nichtkapitalistischen Eigentums so organisieren kann, daß sie Produktivität und Effizienz stimuliert, daß sie auf differenzierte Bedürfnisse kurzfristig reagieren kann und daß sie eben nicht in diese fatale Stagnation mündet, die nach Abbruch des NÖS für die siebziger und vor allem dann für die achtziger Jahre der DDR kennzeichnend gewesen ist.

Das wirtschaftliche Gefälle zwischen Ost und West, das von Anfang an bestand, hatte natürlich erheblichen Anteil an der Niederlage. Die östlichen Gesellschaften hatten von vornherein mit einem *überlegenen* Gegner zu kämpfen, einem Gegner, der alles daran setzte, sie wieder von der Landkarte zu löschen. Damit war die Ausgangslage dieses sozialistischen Versuchs denkbar schlecht. Trotzdem meine ich, daß mehr möglich gewesen wäre. In erster Linie im wirtschaftlichen Bereich, was dann auch ganz andere politische Spielräume eröffnet hätte. Denn all das, was wir heute berechtigt kritisieren – die Überzentralisierung, der Mangel an Demokratie und Mitbestimmung, die mit den Jahren wachsende Ablösung von Argumentation durch Repression –, all das hing eng mit den wirtschaftlichen Schwierigkeiten zusammen. Gerade deshalb halte ich die Reformansätze der sechziger Jahre für so ungeheuer wichtig. Denn sie zielten genau darauf ab, ein produktiveres, effizienteres ökonomisches System zu installieren – ein System, das in der Lage gewesen wäre, die wissenschaftlich-technische Revolution in den Griff zu bekommen. Und das waren die Fragen, die letztlich über Sein oder Nichtsein des osteuropäischen Sozialismus entschieden haben.

Ich muß sagen, das Klischee, dem ich vorher ja auch aufgesessen war, Ulbricht sei ein Starrkopf gewesen, borniert und nicht lernfähig – dieses Klischee hat die Lektüre bei mir völlig aufgelöst. Es stimmt einfach nicht. Wenn man Ulbrichts Reden und Schriften aus den sechziger Jahren liest, fällt einem auf, daß damals schon Probleme diskutiert und angesprochen wurden, von denen dann bis 1989 nichts mehr zu hören war. Daß man Preise nicht ungestraft an den Werten vorbei administrieren darf, daß der Anspruch absurd ist, eine zentrale Planbehörde solle über jeden in einer Volkswirtschaft produzierten Schuh entscheiden und so weiter – das alles stand schon damals zur Debatte. Und man hat über Lösungsmöglichkeiten nachgedacht. Insofern sind die sechziger Jahre – bei aller Kritik, die man vielleicht im Detail anbringen mag – die meines Erachtens interessanteste Phase in der Entwicklung der DDR.

Natürlich müssen wir die Vergangenheit *kritisch* analysieren. Aber Richtung der Kritik müssen doch die Fehler, die Mängel, die lästigen und ärgerlichen Defizite des vergangenen Sozialismus sein, nicht der Umstand, daß er versucht wurde. Nicht mit der DDR muß abgerechnet werden, sondern mit ihren Unzulänglichkeiten. Bei aller Kritik dürfen wir immerhin nicht vergessen, was die damalige konkrete Alternative zu den DDR-Verhältnissen war: nicht der ideale Sozialismus, sondern der westdeutsche Kapitalismus, wie er uns nach 1989 ja auch übergestülpt worden ist. Und in diesem Zusammenhang stehe ich dann in jedem Falle zur DDR-Geschichte und bekenne: Das war *meine* Geschichte. Denn es war die Geschichte des ersten Versuchs auf deutschem Boden, eine nichtkapitalistische Gesellschaft aufzubauen, eine Gesellschaft, in der jedenfalls nicht mehr Daimler,

Siemens und die Deutsche Bank das Sagen hatten. Selbst in ihrer letzten Phase, in ihrem Niedergang, hatte diese Gesellschaft bestimmte soziale Probleme gelöst, die der ach so reiche Kapitalismus zeit seiner Existenz für unlösbar erklärt hat. Mit Blick auf immer größere Arbeitslosenheere heute war es eben keine Lappalie, daß in der DDR niemand um seinen Arbeitsplatz fürchten mußte. Mit Blick darauf, daß Krankheit heute wieder ein Luxus ist, den man sich *leisten* können muß, war es keine Lappalie, daß gesundheitliche Betreuung in der DDR völlig unabhängig vom persönlichen Geldbeutel funktionierte. Mit Blick auf immer mehr Menschen, die heute kein eigenes Dach über dem Kopf haben, war es keine Lappalie, daß in der DDR niemand Sorge haben mußte, ob er die nächste Monatsmiete bezahlen kann. Das ließe sich fortsetzen. Deshalb muß ich – bei aller Kritik – schon sagen: Im Systemvergleich stehe ich natürlich zur DDR und ihrer Geschichte.

Chr. G.: Ich halte dies für eine relativ mutige Position. Man macht sich leicht angreifbar, wenn man einen Walter Ulbricht – immerhin Zielscheibe unzähliger, wenn auch oft unbewiesener Klischees – in einem anderen, differenzierten Licht zu sehen bemüht ist. Für mich, die ich mich nicht so intensiv mit dieser Zeit beschäftigt habe, verbindet sich natürlich mit dem Namen Walter Ulbricht auch die Vorstellung des sehr starken Verwachsenseins mit stalinistischen Tendenzen, der konsequenten Härte bei der Realisierung der Staatsdoktrin. Insofern nötigt es mir eine gewisse Achtung ab, daß man sich überhaupt zu einer solchen geschichtlichen Persönlichkeit wieder in Beziehung setzt. Aber nun vielleicht Gerhard Zwerenz ...

Gerhard Zwerenz: Ja-a-a ... Also, von Walter Ulbricht auf die 4,7 Millionen Arbeitslosen in der vereinheitlichten Bundesrepublik zu kommen ist schon ein großer Panthersprung. Ich kann dies nicht leisten. Zu Walter Ulbricht fällt mir nur Differenziertes ein. Wenn ich von meinen eigenen Erfahrungen in der damaligen Zeit ausgehe, die ich zuerst in der Sowjetunion gemacht habe – dort war Walter Ulbricht zweifellos eine wichtige Figur, und wer sich genauer auskannte, wußte, er war die wichtigste Figur, in der Partei nur noch übertroffen von Wilhelm Pieck –, und wenn ich an meine Erfahrungen in den ersten Jahren der DDR denke, soweit ich diese dann, von Rußland kommend, miterlebt habe, muß ich sagen: Walter Ulbricht ist für mich in der Tat ein Mann gewesen, auf den ich viel gegeben habe, solange ich ein parteitreuer Genosse gewesen bin. Als ich dann mein Philosophiestudium in Leipzig angetreten habe, sind mir im höchsten Maße Bedenken gekommen – mit dem Ergebnis, daß Walter Ulbricht für mich gewissermaßen zum Symbol des Feindes innerhalb der eigenen Partei wurde, der dafür stand, daß eine Demokratisierung in diesem Lande nicht stattfinden durfte.

Dieses Ankämpfen gegen jegliche Demokratisierungsbestrebungen habe ich von Anfang an als das Haupthindernis für einen sich modernisierenden Sozialismus empfunden. Walter Ulbricht trug ein vorgefertigtes, demokratieunfreundliches Sozialismusmodell in sich, das er der DDR gezielt aufgeprägt hat. Und wenn dieses Modell auch seine historischen Gründe hat, wenn man auch sehr viel Verständnis dafür aufbringen kann, so war in der Endkonsequenz eben gerade das akute Demokratiedefizit dieses Modells einer der wesentlichen

Faktoren, die zum Untergang der DDR geführt haben.
In einem meiner autobiographischen Bücher, das Anfang der 70er Jahre vom Fischerverlag in Frankfurt am Main herausgegeben wurde und das irgendwann vor wenigen Jahren auch als Taschenbuchausgabe beim Aufbau-Verlag erschienen ist, äußere ich mich aus eigener Sicht unter anderem zu Walter Ulbricht. Und das sind meine Erfahrungen. Sie sind negativ:
Meine Freunde sind in der Zeit Walter Ulbrichts eingesperrt worden. Wir sind entweder wegen *gar nichts* oder wegen einer Opposition, die Anspruch auf die Reformierbarkeit des Sozialismus erhob, verfolgt worden. Wir sind von diesem Mann diktatorisch-autoritär zerschlagen worden. Und damit war die Chance einer möglichen Modernisierung dieses Modells vertan.
Ich gestatte mir an dieser Stelle eine notwendige Bemerkung in Richtung der späteren Dissidenten: Wir von der damaligen SED-Opposition haben ein Erstgeburtsrecht auf Opposition! Nur unsere Genossen sind damals grausam verfolgt worden, und in jener Zeit drohte noch die Todesstrafe – bisweilen, wenn man Glück hatte, "mit Ermäßigung", das hieß dann 25 Jahre Arbeitslager in Workuta. Und selbst 1956 hat Wolfgang Harich, gerade noch haarscharf vorbeischrammend an der Todesstrafe, sich mit 10 Jahren begnügen dürfen ...
Ich selbst habe natürlich im Laufe der Zeit versucht, eine größere Objektivität in meine Beurteilung Walter Ulbrichts zu bringen. Im Jahre 1966 habe ich im ersten Buch der damaligen Reihe "Zeitgeschehen" des Schweizer und Münchner Scherz-Verlags ein Porträt Walter Ulbrichts geschrieben, wobei ich be-

müht war, ihn dort im Kontext der objektiven Bedingungen zu zeigen. Ich habe neulich festgestellt, daß dieses Buch noch immer seinen Bestand hat. Ich will deswegen abschließend meine Sicht auf Walter Ulbricht so darlegen, wie sie bereits damals in diesem Buch beschrieben wurde:
Walter Ulbricht verkörperte die Schwächen des sowjetischen Modells, das er zielstrebig vertreten hat, und zugleich verkörperte er die Stärken, die unter den damaligen Bedingungen überhaupt denkbar waren. Er war durchaus subtil genug und er war offen genug, um zu sehen, daß sich in der DDR ein vom sowjetischen Modell unterschiedliches, mehr wissenschaftlich orientiertes Modell entwickeln müsse. Jedoch war er *nicht* in der Lage, Bedingungen zu schaffen, unter denen sich ein solches Modell hätte entwickeln können. Und deshalb hat das autoritäre Moskauer Modell letztlich eben doch gesiegt, und er ist durch Honecker abgelöst worden – aber dies ist dann schon wieder eine neue Periode.
Wir jedenfalls sind mit großen Hoffnungen in diese damalige DDR gegangen, mußten aber spätestens zu Beginn der zweiten Hälfte der 50er Jahre nach kritischer Analyse der Lage zu unserem Leidwesen erkennen, daß die von uns erhoffte Modernisierung dieses Modells nicht stattfinden durfte.

Chr. G.: Vielleicht hierzu noch eine Zusatzfrage an Frau Wagenknecht. Ich meine bei Ihnen herauszuhören, daß Sie der einzelnen historischen Persönlichkeit, im konkreten Falle also Walter Ulbricht, offensichtlich eine entscheidende Rolle im Entwicklungsprozeß – hier bezogen auf die Frage der Modernisierung oder Nichtmodernisierung – zubilligen. In Zusammenhang damit konnte ich bei

Ihnen lesen, daß die Ära Ulbricht längst nicht durch eine solch hohe wirtschaftliche Verschuldung der DDR gekennzeichnet war wie die Ära Honecker. An Honecker lassen Sie dann auch wirklich kaum ein gutes Haar – er hatte ja auch nicht so sehr viele –, und auch Gorbatschow beurteilen Sie sehr kritisch, da er Ihrer Meinung nach der sozialistischen Idee beträchtlich geschadet hat ... All das verwundert mich ein bißchen. Auf der einen Seite unterstreichen Sie die These, daß jegliche Entwicklung sich logisch aus den existierenden ökonomischen und materiellen Rahmenbedingungen ableitet, auf der anderen Seite heben Sie dann doch die herausragende Rolle – im positiven oder negativen Sinne – hervor, die einige Persönlichkeiten gespielt haben. Und auch Herr Zwerenz mißt der Person Walter Ulbrichts entscheidende Bedeutung bei, wenn er bemerkt, daß es eigentlich diesem anzulasten ist, daß die notwendige Modernisierung nicht eintreten konnte ...

S. W.: Ich denke, marxistisch an die Geschichte heranzugehen – und ich verstehe mich als Marxistin – heißt natürlich, die materiellen Bedingungen zu analysieren. Aber es heißt doch nicht, die Bedeutung der einzelnen handelnden Menschen zu negieren. Sie sind es, die entscheiden, ob aus Möglichkeiten Wirklichkeiten werden. Was objektiv nicht geht, kann der geschickteste Akteur nicht herbeiführen, das ist klar. Aber ob etwas, was *möglich* ist, auch *wirklich* wird, hängt durchaus vom Tun und Lassen der beteiligten Menschen ab.
In den ersten Jahren der DDR haben die materiellen Bedingungen wahrscheinlich keine allzu großen Spielräume geboten. Es war eben nicht so, wie heute immer wieder suggeriert wird, daß die SED ein

blühendes Land übernommen und es anschließend zugrunde gerichtet hat. Sie hat vom deutschen Faschismus einen Trümmerhaufen übernommen und zugleich milliardenschwere Reparationspflichten, vor allem gegenüber der Sowjetunion. Am Anfang ging es um nichts Erhabeneres als darum, die äußerst knappen Mittel so zu verteilen, daß niemand mehr hungern muß und ein schrittweiser Wiederaufbau der industriellen Struktur eingeleitet wird. In dieser Situation war eine starke Zentralisierung der Entscheidungen fast unausweichlich. Diese Tendenz wurde natürlich durch den unmittelbar nach 1945 ausbrechenden Kalten Krieg verstärkt. Die offene Grenzlinie zum Westen trug das Ihrige bei. Zumal Westdeutschland dank Marshall-Plan eine mächtige Investitionsspritze erhalten hatte und sich die Unterschiede im Lebensniveau dadurch verstärkt hatten. Unter diesen Bedingungen etablierte sich ein politisches System, das in der Tat wenig mit den sozialistischen Idealen und Visionen zu tun hatte. Auch wenig mit dem, was wir als Sozialisten und Kommunisten heute anstreben. Aber es entstand eben auch unter Extrembedingungen, wie sie nie als Umfeld einer sozialistischen Entwicklung geplant und konzipiert worden waren. In den fünfziger Jahren waren die Reformspielräume also meines Erachtens sehr gering, das Neue Ökonomische System wäre zu dieser Zeit undenkbar gewesen.
Das änderte sich im Übergang zu den Sechzigern. Erstens war die grundlegendste Aufbauarbeit bis dahin geschafft. Die Wirtschaft stand nicht mehr vor der Aufgabe, eine hungernde Bevölkerung satt zu machen, sondern hatte auf immer differenziertere Konsum-Bedürfnisse zu reagieren. Zugleich war mit 1961 das andauernde wirtschaftliche Ausbluten

durch die offene Grenze gestoppt. Solange die ökonomischen Ungleichgewichte zwischen Ost und West existierten, gab es zur Mauer wohl keine Alternative. So oder so: Am Beginn der sechziger Jahren war ein ökonomisches Fundament geschaffen, und jetzt ging es darum, den wissenschaftlich-technischen Fortschritt in den Griff zu bekommen. Es ging um ein ökonomisches System, das wachsende Produktivität stimulieren und auf wechselnde Konsum-Wünsche möglichst flexibel reagieren konnte. Jetzt waren also wirkliche Reformen nicht nur möglich. Sie waren auch zwingend notwendig. Von jetzt an stellt sich die Frage erst: Sind auch die politischen Kräfte vorhanden, um solche Reformen durchzusetzen?
Deshalb würde ich das negative Urteil von Gerhard Zwerenz nicht teilen wollen, daß eigentlich schon mit den 50er Jahren klar war, daß es eine Demokratisierung nicht geben wird. Und daß Ulbricht auf Gedeih und Verderb dem sowjetischen Modell anhing. Man sollte rückblickend auch nicht vergessen, wieviel Zeit ihm verblieb und welche Grenzen ihm gesetzt waren. Natürlich war die DDR in der damaligen Gesamtkonstellation, in dieser gnadenlosen Konfrontation der Blöcke, auf sowjetische Unterstützung angewiesen, natürlich nutzte die sowjetische Führung ihre Einflußmöglichkeiten. Trotz allem wurden in der DDR 1963 erste Schritte in Richtung des Neuen Ökonomischen Systems gemacht. Obwohl Chruschtschow es nicht mochte und Breshnew von Anfang an dagegen war. Dazu gehörte schon eine Meisterleistung an taktischem Geschick.
Die ursprünglichen Ideen des NÖS kamen ja sogar aus der Sowjetunion. Aber dort war die Diskussion abgewürgt worden, während sie in der DDR – vor allem auch dank Ulbrichts persönlichem Einsatz –

aufgegriffen und weiterentwickelt wurde. Die Reformpolitik war bis zu Ulbrichts Sturz immerhin offizielle Staatspolitik. Das war wahrlich nicht wenig. Die sechziger Jahre waren übrigens auch die einzige Zeit, in der es der DDR tatsächlich gelang, ihren ökonomischen Rückstand gegenüber der Bundesrepublik spürbar zu verringern. Das Problem war, daß seit Mitte der sechziger Jahre von Moskau aus eine Gruppe im Politbüro aufgebaut werden konnte, die Ulbrichts Linie zunehmend boykottierte. Der Machtkampf verzerrte die Ulbrichtsche Politik etwa seit 1965 und endete schließlich mit seinem Sturz. Das war dann auch das Ende der ökonomischen Reformen.

Diese Niederlage kann man aber nun schwerlich Ulbricht selbst anlasten. Eine wichtige Ursache war ganz sicher, daß unser Reformmodell im sozialistischen Lager isoliert geblieben war. Es hätte langfristig nur Erfolg haben können, wenn ähnliche Reformen auch in anderen sozialistischen Ländern stattgefunden hätten – gerade Ulbricht hat das so gesehen und bei gemeinschaftlichen Treffen massiv in diese Richtung gedrängt, was ihm dann als Arroganz und Überheblichkeit ausgelegt wurde. Die Umsetzung des NÖS stand von Beginn an vor der Schwierigkeit, daß wir im Außenhandel, etwa von sowjetischer Seite, Lieferkonditionen diktiert bekamen, die mit unseren eigenen Prioritäten nicht kompatibel waren.

Eine Schuldzuweisung an die Ulbricht-Führung für das Scheitern der Reformen ist unter diesen Bedingungen – Isolation und äußerer Widerstand – also kaum berechtigt. Nachdenken muß man allerdings darüber, weshalb diese Ideen und Konzepte im sozialistischen Lager letztlich isoliert geblieben sind,

weshalb dieser Reformprozeß nur in einem Land eingeleitet wurde und gerade deshalb keine wirkliche Chance bekam.
Bei der Gelegenheit will ich allerdings noch eine Anmerkung zum Thema Reformen loswerden. Was Gorbatschow angeht, so wird gern – heutzutage vielleicht seltener, aber immer noch – davon gesprochen, daß das ebenfalls "Reformpolitik" gewesen sei. Nicht zuletzt dadurch ist der Begriff "Reformpolitik" inzwischen so diskreditiert, daß man ihn eigentlich gar nicht mehr in den Mund nehmen mag. Es werden dabei nämlich völlig unterschiedliche Dinge in einen Topf geworfen: einerseits das ehrliche Bestreben, einen besseren und attraktiveren *Sozialismus* zu erreichen, andererseits die Aktionen von Leuten wie Gorbatschow, die zunächst zwar ebenfalls viel von Sozialismus redeten, tatsächlich jedoch darauf hinwirkten, seine materiellen und ideellen Grundlagen zu zerstören. Bereits am Anfang der sogenannten "Perestroika" stand beispielsweise die Zulassung nationalistischer und monarchistischer Parteien, die völlig undifferenzierte Abrechnung mit sowjetischer Geschichte, die schrittweise Rekapitalisierung des Produktiveigentums. Westliche Konzerne und Banken wurden massiv und zu günstigsten Konditionen ins Land gelockt. Das waren wohl kaum Maßnahmen, die darauf abzielten, den Sozialismus attraktiver zu machen.
Mit anderen Worten: Man muß differenzieren, wenn man über Reformansätze in der Geschichte des vergangenen Sozialismus redet. Da waren zum einen die Versuche, den Sozialismus tatsächlich besser und funktionsfähiger zu machen, ihn zu befähigen, in der wirtschaftlichen Auseinandersetzung mit einem überlegenen Gegner zu bestehen, ja diese

Überlegenheit zu verringern. Auf der anderen Seite standen jene Aktivitäten, die sich zwar auch Reform nannten, ihre offiziell deklarierten Ziele jedoch nicht zufällig verfehlt haben, sondern offensichtlich verfehlen wollten.

Chr. G.: Sie hätten sicherlich sofort auch eine Erwiderung parat, Herr Zwerenz ...

G. Z.: Ich möchte schon darum bitten, daß ich darauf etwas erwidern kann. Ich will nun nicht unbedingt "Ein Jahrhundert wird besichtigt" daraus machen, aber ich möchte schon die Konturen etwas fester zeichnen dürfen.
Ich bin der Ansicht, daß der Ansatzpunkt Walter Ulbrichts und seiner Generationsgenossen zu Ende des ersten Weltkriegs absolut akzeptabel ist. Dieser erste Weltkrieg ist ja nicht durch Dolchstoß beendet worden, wie dann die Sprachregelung im Dritten Reich und neuerdings bisweilen wieder lautet, sondern deshalb, weil in der Tat das deutsche Heer im Felde besiegt worden ist, und nicht zuletzt auch aus dem Grunde, daß sehr viele Sozialdemokraten, Linke auf dem Sprung zur Revolution sich diesem Krieg entzogen haben, indem sie von der Front desertiert sind – es gab tatsächlich eine Massendesertionsbewegung am Kriegsende, und Walter Ulbricht war einer der Deserteure, die diese Massendesertion in eine Revolution überleiten wollten. Dies war eine absolut nachvollziehbare Situation, und dies akzeptiere ich vollkommen.
Im zweiten Weltkrieg hat die Wehrmacht, haben alle Leute, die Kommandos innegehabt haben, nach der erfolgreichen ersten Kriegsphase alle Kraft darauf verwandt, daß eine solche Massendesertion

nicht wieder vorkommt. Und noch heute sehen wir an dem Widerstand, der durch die jetzige Bourgeoisie, durch die jetzigen Bundeswehroberen der Rehabilitation von Weltkrieg-II-Deserteuren entgegengesetzt wird, daß in ihnen noch das Entsetzen über das revolutionäre Ende des ersten Weltkriegs nachlebt. Insofern muß ich natürlich erst einmal sagen: Walter Ulbricht und diejenigen, die damals zur Revolution aufgerufen und die Revolution engagiert vorangetrieben haben, haben das Richtige getan – es war das einzig Richtige es war nachvollziehbar, und es war eine Weltbewegung.

Jetzt muß ich aber die Kontur auch von der anderen Seite her zeichnen: Es ist eine Tatsache, daß uns der Marxismus in der herkömmlichen Weise nicht sagt, was wir zu tun haben, wenn die Revolution siegreich gewesen ist. Um es ganz banal zu sagen: Am Tag nach der Revolution wissen die siegreichen marxistischen Revolutionäre nicht, was zu tun ist. Dies ist allerdings wiederum aus der Marxschen Lehre heraus zu begründen: Alles, was bisher an sozialistischer Revolution versucht worden ist, ist ja bei Marx so überhaupt nicht vorgesehen gewesen, und folglich gibt es von seiner Seite keinerlei Hilfestellung, was dann geschehen müßte. Marx hat dies bewußt so angelegt, da gibt es einen Nullpunkt, ein unausgefülltes schwarzes Loch in der Strategie, und darunter leiden wir noch heute.

Diese vergangene Revolution mit ihren schweren Ausbuchtungen über Chruschtschow und Gorbatschow ist natürlich vor allem daran gescheitert, daß es eben *keinen* Marxismus für die Zeit nach der siegreichen marxistischen Revolution gibt. Ungeachtet aller theoretischer Anstrengungen – und wir haben ja nun wirklich scharfe Denker, wenn ich nur an

Benjamin und Adorno, an Bloch und Lukács denke – sehe ich nichts, was uns über diesen Nullpunkt, über diese Fehlstelle hinweghelfen könnte. Und weil dies so ist, hatte bisher jede marxistische Revolution die Tendenz zur Diktatur. Das beginnt in der Sowjetunion und setzt sich fort in den anderen Ländern, die durch die Sowjetarmee sozialistisch gemacht worden sind, also auch in der DDR.

Und nun haben wir, die ersten DDR-Revolutionäre, Sozialisten, Kommunisten, nach 1945 gutgläubig – aus heutiger Sicht muß ich sagen: romantisch, ideologisch verführt – daran geglaubt, daß es wahr ist, was wir vertreten, daß nämlich das Bewußtsein die Massen ergreift und daß die Arbeiterklasse und die ihr angeschlossenen Klassen und Schichten imstande sind, eine neue, allen früheren überlegene Gesellschaft zu schaffen. Und dann kam der Schock des 17. Juni 1953, als die tonangebende Partei, die SED – und da schließe ich mich mit ein, besonders aber unsere Führung, und da natürlich wiederum Walter Ulbricht als die Nummer eins – aus allen Wolken, aus allen Himmeln gefallen ist. Denn plötzlich zeigte sich, daß unsere marxistische Ideologie mit der Realität überhaupt nicht übereinstimmte.

An diesem Punkt trat dann natürlich der Machtvorbehalt in Kraft: Man wollte die Macht nicht aufgeben. Folglich war dieses System ab 1953 vorzüglich darauf ausgerichtet, die Macht zu erhalten. Wenn man aber nur auf den Machterhalt aus ist – das sehen wir übrigens heute, nur mit anderen Vorzeichen, wieder –, wird man ganz bestimmte strategische Fehler machen. Und da uns die Theorie keine Hilfestellung leistet, sind diese Fehler um so größer.

Und nun muß ich einmal die Reformer, die dann jeweils gekommen sind, auch wenn sie verspätet gekommen sind – Chruschtschow kam noch gar nicht mal verspätet, aber Gorbatschow kam zu spät! – in Schutz nehmen, weil wir *alle* , und zwar Sie im Osten und auch wir, die Diagnostiker im Westen, nicht genügend tief durchschaut haben, wie kaputt, wie innerlich hohl dieses sowjetische System in der Zwischenzeit schon gewesen ist, so daß alle diese Reformversuche, die dann in Glasnost und Perestroika gipfelten, keine reelle Chance auf Erfolg mehr hatten, ganz einfach weil sie um mindestens 10 Jahre, vielleicht sogar um 20 Jahre zu spät gekommen sind. Es gab keine Potentiale mehr, die diese Veränderungen durchsetzen konnten. Die Reformbestrebungen trafen in eine Situation, wo Politik und Ökonomie bereits talwärts gegangen sind.

Hier sind übrigens durchaus Parallelen zu ziehen zu einer ganz anderen Gesellschaft, aber darüber will ich jetzt gar nicht sprechen. Ich will nur sagen: Die Gründe für das Scheitern dieses Moskauer Modells liegen sehr viel tiefer! Und es ist ein furchtbarer Fehler, und wir machen es uns viel zu leicht, wenn wir diese Tiefe nicht zu ergründen suchen, weil wir dann dastehen und sagen: Es könnte *doch* gut gehen ... – *So*, in diese Richtung, wird es *nie* gut gehen! Es ist ein grundsätzlich falscher Ansatz! Man kann Revolutionen nur machen, wenn sie ökonomisch ausgereift sind und wenn sie tatsächlich von einer breiten demokratischen Bewegung getragen werden. Leider haben die vergangenen sozialistischen Revolutionen nach ihren großen revolutionären Anfängen eben keine breiten demokratischen Bewegungen mehr aufbieten können, und das ist der eigentliche Grund für den Untergang gewesen.

Chr. G.: Frau Wagenknecht, Ihr Buch scheint geprägt von dem Credo "Zurück zum Marxismus!" oder anders gesagt: "Konsequenter der Marxschen Analyse und Marxschen Denkmethoden folgen!". Von Herrn Zwerenz hörten wir eben, daß es gerade am Vorausdenken mangelte, daß dogmatisch an bestimmten, für eine frühere Zeit geltenden Lehren festgehalten worden ist, daß man neuen Entwicklungen und auch neuen Angriffen nicht gewachsen war. Fehlen vielleicht doch, wenn man sich zu konsequent noch immer auf Marx beruft, gewisse Denkmöglichkeiten? Glauben Sie nicht, man ist zu sehr eingeschränkt durch die Marxsche Lehre und somit nicht gewappnet, um in den heutigen, beschleunigt verlaufenden und immer aggressiveren ideologischen und ökonomischen Kämpfen bestehen zu können?

S. W.: Für mich ist Marxismus im wesentlichen ein Instrumentarium, ein Analysemittel, eine bestimmte Art des Herangehens. Wenn man etwas an der theoretischen Arbeit im vergangenen Sozialismus kritisieren muß, dann sicherlich nicht, daß sie sich zu sehr am Marxismus orientierte. Es ist eher das Gegenteil der Fall. Man hat die hervorragenden Marxschen Analysemittel nicht hinreichend genutzt, um die eigene wirtschaftliche Situation zu analysieren und die nötigen Strategien zu entwickeln. Marxismus ist doch kein fest abgeschlossenes System, das man als Modell vor sich herträgt und anstaunt. Wer Marxismus so versteht, hat Marx wahrlich mißverstanden. Marxismus ist eine nach allen Seiten offene Theorie, die es weiterzuentwickeln gilt. Diese Weiterentwicklung hat kaum stattgefunden. In diesem Punkt stimme ich Gerhard Zwerenz zu.

Deutlichen Widerspruch möchte ich allerdings in puncto Revolutionen anmelden. Sinngemäß hat Gerhard Zwerenz gesagt, daß man Revolutionen nur machen kann, wenn die ökonomischen Grundlagen vorhanden sind. Aber Revolutionen werden doch nicht *gemacht*. Da sind doch nicht drei, vier Leute, die zusammensitzen und entscheiden: Machen wir's oder machen wir's lieber nicht. Revolutionen *entwickeln sich* in bestimmten Situationen. Nicht Lenin hat die Oktoberrevolution *gemacht*. Übrigens: Als die Bolschewiki in Rußland an die Macht kamen, waren sie ja von einer breiten Bewegung getragen. Sonst hätte ihre Erhebung überhaupt keinen Erfolg gehabt. Daß diese Revolution unter Bedingungen stattfand, die Marx nicht vorausgesehen hat, wo tatsächlich alle ökonomischen Voraussetzungen des Sozialismus fehlten, das hat die russischen Arbeiter und Bauern zunächst wenig gekümmert – die wollten Brot, die wollten Frieden, und beides war unter den gegebenen Bedingungen nur durch einen Machtwechsel und einen gesellschaftlichen Umsturz zu haben. So kamen sozialistische Kräfte in einer Situation an die Macht, in der Sozialismus überhaupt noch kein ökonomisches Fundament besaß. Natürlich war das ein gigantisches Problem, das diesen ersten Versuch geprägt und eben auch so stark entstellt hat. Aber hätten die Bolschewiki sagen sollen: "Also, liebe Leute, das machen wir jetzt aber nicht mit. Bitte seht ein, ihr braucht noch ein paar Jahrzehnte Kapitalismus, danach könnt ihr gern wieder auf uns zurückkommen ..." – Nein, wenn eine Revolution unter solchen Bedingungen stattfindet, dann findet sie statt, und dann ist sie auch nicht aufzuhalten. Die Frage ist natürlich, wie sie anschließend fortgeführt wird. Und, was noch wichtiger ist, wie, wenn die extreme Unterentwicklung erst mal überwunden ist, die ökonomischen Konzepte weiter entwickelt werden. Denn tatsächlich ist ja der erste sozialistische Versuch nicht 1918 in Not und Mangel zusammengebrochen, sondern erst – mit einer viel höher entwickelten Ökonomie – im Jahre 1989.

Man kann Marx nicht vorwerfen, daß er für die konkreten Probleme dieses ersten Sozialismus – weder für das Jahr 1917 noch für das Jahr 1945 und spätere – keine Konzepte entworfen hat. Marx war Wissenschaftler, kein Prophet. Es war nicht vorhersehbar, unter welch widerstrebenden Konditionen sich die erste geschichtliche Möglichkeit ergeben würde, sozialistische Veränderungen durchzusetzen. Zumal im Ostteil Deutschlands nach 1945 tatsächlich nicht von einer breiten Massenbewegung für den Sozialismus gesprochen werden kann. Dafür hing die faschistische Ideologie auch nach 1945 noch viel zu fest in vielen Köpfen. Aber die Frage ist: Wenn man die Möglichkeit hat, die Wurzeln des Faschismus auszurotten – und die lagen nun mal in den gleichen wirtschaftlichen Eliten, die dann in Westdeutschland fortbestanden und sich inzwischen auch ihren Osten zurückgeholt haben –, wenn man diese Möglichkeit hat, wenn auch nicht aufgrund eines Massenaufstandes, sondern nur aufgrund der Anwesenheit der Roten Armee, soll man sie nicht nutzen? Ich meine, man muß sie nutzen. Natürlich nicht in dem Sinne, daß man anschließend selbstherrlich die Macht ausübt und Widerspruch unterdrückt. Sondern indem man schrittweise versucht, sich die Massenbasis durch Überzeugung und bessere Argumente zu er-

arbeiten. Indem man den ganzen ideologischen Unrat, den der Faschismus hinterlassen hat, Schritt für Schritt beseitigt. – Natürlich war das eine langfristige Aufgabe, die nicht von heute auf morgen zu erledigen war.
Hart zu kritisieren ist in jedem Falle, daß die SED irgendwann den Anspruch aufgegeben hat, zu überzeugen. Daß sie darauf verzichtet hat, sich und ihre theoretische Basis weiterzuentwickeln. Allerdings liegt dieser Verzicht meines Erachtens wesentlich später.
Zur Nachkriegssituation außerdem noch eine Ergänzung. Genau besehen war die nämlich sehr differenziert. Es gab durchaus auch starke antikapitalistische Stimmungen. Die bürgerliche Ordnung war – nach dem blamablen Ende der Weimarer Republik und nach dem Desaster, in das der Faschismus geführt hatte – nicht mehr sonderlich populär. Es gab die Volksentscheide zur Enteignung von Nazis und Kriegsverbrechern, bei denen sowohl in Sachsen als auch in Hessen die Befürworter eine satte Mehrheit erhielten. Es gab – als verbale Anpassung an die Stimmung – das Ahlener Programm der CDU, dessen Formulierungen man heute glattweg der PDS zuordnen würde. Manche in der PDS würden wohl sogar meinen, das sei linksradikal ...

G. Z.: Na ja, so nicht ganz ...

S. W.: Gut. Aber zumindest mußte die CDU aus rein taktischen Gründen – ich will ihr um Gottes willen nicht unterstellen, daß sie damals links war –, sie mußte sich aus rein taktischen Gründen, um des Machterhalts willen, um den Kanzler zu stellen, mit sozialistischem Vokabular schmücken. Ich denke, das läßt tief blicken: So negativ war die Stimmung gar nicht. Der Kapitalismus war gründlich diskreditiert durch seine faschistische Ausformung.

Das Problem liegt allerdings darin, daß diese Stimmung dann sehr schnell wieder umkippte. Die Ursachen dafür sind vielfältig, und sie sind keinesfalls nur an Ostdeutschland festzumachen. Jeder weiß, daß die Grenze offen war; jeder weiß, daß wir Reparationen in Milliardenhöhe zu zahlen hatten, die gerade vor dem 17. Juni noch einmal in die Höhe geschnellt waren; jeder weiß, daß Westdeutschland den Marshall-Plan hatte. Somit entwickelten sich zwangsläufig sehr differenzierte Lebensverhältnisse, die mit dem jeweiligen System wenig zu tun hatten, sondern einfach damit, daß der eine Bündnispartner durch den Krieg reich und stark geworden war, während der andere ruiniert war und uns logischerweise kaum unterstützen konnte.

Diese Situation hat natürlich dazu geführt, daß immer mehr Leute unzufrieden wurden. Und diese Unzufriedenheit hat sich, als die SED dann noch gravierende politische Fehler machte, am 17. Juni 1953 entladen. Dieser 17. Juni hat allerdings nicht im luftleeren Raum stattgefunden. Daß sich ein Protest gegen Normerhöhungen und politische Arroganz binnen weniger Stunden in die Forderung nach Sturz des politischen Systems verwandelt, wäre ohne Nachhilfe von außen kaum möglich gewesen. Das sollte man auch nicht verschweigen, wenn über dieses Datum geredet wird.

Natürlich ist es leicht, im nachhinein zu sagen, ja, das hätte man nur alles anders machen müssen, dann wäre das schon alles glatt gelaufen ... Es war ja eine verdammt schwierige Situation, aber ich denke, es war jedenfalls legitim, auch unter den damaligen

Bedingungen – das vielleicht abschließend zu diesem Punkt –, es *war* legitim, Sozialismus zu versuchen!
Wo die hauptsächliche Kritik ansetzen muß, ist meines Erachtens viel später. Als nämlich die schlimmen Zustände der Nachkriegszeit überwunden waren, als die Grundlagen für eine sozial gesicherte und wirklich humane Gesellschaft endlich gegeben waren, d.h. als Sozialismus im tiefen und eigentlichen Sinn endlich möglich war, da wurden die notwendigen sozialistischen Reformen nicht in Angriff genommen, genauer: nach einem knappen Jahrzehnt wieder abgewürgt. Das theoretische Fundament marxistischer Gesellschaftstheorie wurde von da an auch nicht mehr weiterentwickelt. Dennoch denke ich, daß das Neue Ökonomische System, um auf unseren Ausgangspunkt zurückzukommen, ein wertvoller und auch für die Zukunft interessanter Ansatz war, wie eine sozialistische Ökonomie auf moderner Grundlage effektiv funktionieren könnte.

Chr. G.: Ich glaube, eine Mehrheit hier im Saal stimmt Ihnen zu, daß dieser Sozialismusversuch legitim war, aber zugleich ist es eine Tatsache, daß der Sozialismus in der Form, wie er sich dann in der DDR oder in der Sowjetunion darstellte, diskreditiert ist. Wie soll es jetzt weitergehen? Sie beide engagieren sich für die PDS. Herr Zwerenz ist zwar nicht Mitglied der PDS, sitzt aber für diese Partei im Bundestag. Frau Wagenknecht ist Mitglied der PDS, attackiert aber sehr kritisch viele von deren Positionen.
Von Herrn Zwerenz weiß man auch, daß er sich allen möglichen Organisationsstrukturen und jederart Sklavensprache zu entziehen sucht und seine Sache

eigentlich das subversive Tätigsein ist. *(An G. Z. gewandt:)* Es verwundert also, sofern man Ihre Positionen nicht näher kennt, daß Sie nun gerade für die PDS im Bundestag sitzen. Ist das Ihre Antwort auf eine gewisse Ohnmacht, die viele von uns angesichts der Bonner Regierungspolitik befallen hat? Empfangen Sie vielleicht sogar aus dieser Situation die Motivation, wenigstens auf diese Weise noch etwas auszurichten? Geben Sie denn etwas auf die parlamentarische Demokratie, auf diese seltsame Parteienlandschaft, die heute so bewegungslos erscheint, wie wir es Ende der 80er Jahre schon einmal erfahren haben?

G. Z.: Also, ich muß natürlich sagen, daß es nicht in meinem Lebensplan vorgesehen war, in den Bundestag zu gehen. Ich hätte mir alles mögliche vorstellen können – ich hätte eher Hebamme werden können als Bundestagsabgeordneter. Insofern ist es also schon der Versuch einer außergewöhnlichen Antwort auf eine irre, irreguläre, irrationale Situation. Und ich habe mich dafür schon ein bißchen teilen müssen, wobei Teilen für mich kein Problem ist – immerhin bin ich Zwilling, weil im Juni geboren ...
An sich bin ich in der Tat gegen *jeden* Kompromiß, jedenfalls soweit es um mein bisheriges Hauptbetätigungsfeld, die Literatur, geht. In der Literatur hat der Kompromiß nichts zu suchen, und ich mache unserer Literatur eben den Vorwurf, daß sie viel zu kompromißlerisch ist. Das hat etwas mit unserem literarischen Niedergang zu tun, vor allem damit, daß zu viele Opportunisten in der Literatur mit der Wurst nach der Speckseite werfen.

In der Politik *muß* man kompromißlerisch sein, *muß* man taktieren – wer das nicht will, kann nur diktatorisch sein. Und das ist die große Schwierigkeit für konsequente Linke. Das war ursprünglich auch eine Schwierigkeit für die Sozialdemokratie, die hat das aber auf ihre Art und Weise gemeistert. Jetzt steht die PDS vor ebenderselben Frage: Wie wollen wir als Sozialisten unsere Ziele erreichen, ohne zu diktatorischen Mitteln greifen zu müssen?
Und nun sage ich ganz einfach, und da bin ich sehr empirisch: Nachdem der Sozialismus als Alternative ausgeschieden ist, aus welchen Gründen auch immer, halte ich überhaupt nichts von Versuchen, dieses Scheitern kleinzureden und damit zu beschönigen, und noch weniger davon, den Leuten einzureden, daß man es irgendwann, weil das nur der erste oder frühe Sozialismusversuch gewesen sei, so wieder versuchen könne. Von einem Sozialismus, der als Staat Sozialismus macht, halte ich nach den Erfahrungen der jüngeren Vergangenheit und nach meinen Studien überhaupt nichts. Ich halte vielmehr dafür, daß die Sozialisten, die Kommunisten die Erfahrungen ihrer vorangegangenen Kirchenbrüder nachvollziehen müssen, vor allem die der römischen Kirche, die ja auch versucht hat, *ihre* Moral, das Gute, was *sie* will, mittels Gewalt, Krieg und Diktatur durchzusetzen, und dabei furchtbar, mit gewaltigen Verbrechen, mit gräßlichen Massakern, mit Folter und Inquisition, gescheitert ist.
Ich fürchte, so wie Menschheit ist, wie Gesellschaft sich überhaupt noch darstellen kann, kann es eine Veränderung nur über die Individuen geben. Mit anderen Worten, Sozialismus als *Staats*sozialismus halte ich ebensowenig für möglich wie eine katholische Staatsdiktatur. Was wir brauchen, so wie die

Kirche Christen braucht, sind Sozialisten, die sich als Individuen unausweichlich machen, und dies ist an den demokratischen Weg gebunden. Natürlich weiß ich, wie wahrscheinlich jeder von Ihnen hier, wie hart dieser Weg sein wird und daß er möglicherweise auch ein Holzweg ist.

Durchaus in einer engen Beziehung zu dieser Idealvorstellung, aber wohl diametral entgegengesetzt, steht die Hauptmacht dieser Welt, das Kapital. Ich bin nicht überzeugt, daß man die Macht des Kapitals abschaffen kann. Ich fürchte, daß der zweite Teil des Kommunistischen Manifests, wo Marx und Engels die ungeheure revolutionäre Kraft des Kapitals schildern, nachwirken und noch sehr viel mehr Geltung erlangen wird. Ich fürchte, daß der revolutionäre Ausweg ein für allemal verriegelt ist. Damit aber müssen wir uns mit dem Kapital als Hauptfeind und möglicherweise Massenmörder der menschlichen Gesellschaft abfinden und auf Abhilfe sinnen, und hier sehe ich nur einen Weg, auf dem wir vorankommen können: über Massenbewegungen, über Befreiungsbewegungen, das heißt über die Modernität, die wir in der Zwischenzeit durchaus entwickelt haben, auch wenn sie noch zu schwach ist. Unsere Chance liegt in Selbstbefreiungsbewegungen der Frauen, der Minderheiten, der Unterdrückten verschiedener Schichten und Klassen ...

Wie schwierig das sein wird, daß es unter Umständen auch unmöglich sein wird, weiß ich. Aber eines weiß ich auch: Alle unsere eingefahrenen Klischees, alle unsere großen Weisheiten werden uns nichts nützen!

Ich habe es doch oft genug erlebt: In der Diskussion tritt ein alter, verdienter Genosse auf und erklärt, also, es muß die Macht des Kapitals gebrochen werden, es müssen die Klassengesellschaften abge-

schafft werden, und dann geht er zufrieden hinaus, steigt in sein kapitalistisches Auto und fährt nach Hause, legt sich ins Bett und ist heilfroh: "Denen habe ich's aber gegeben!" – Und ich mache es im Prinzip genauso. *Aber dies ist zuwenig!*
Dieses Kapital, so wie es sich entwickelt hat, ist so ungeheuerlich stärker geworden, ist so ungeheuerlich verzweigter geworden, ist so ungeheuer intelligent in seinen Bewegungen! Und gegen diese geballte Macht des Kapitals helfen die alten Klischees und auch die alten Ideen nur noch sehr bedingt weiter.
Das Kapital geht auf seine Verwertung. Aber es geht unendlich stärker, unendlich raffinierter, unendlich menschenfeindlicher auf seine Verwertung! Somit muß auch unser demokratischer Widerstand gegen dieses Kapital sich auf ganz andere Weise entfalten, das heißt, wir müssen die Möglichkeiten entdecken, wir müssen sie entwickeln, wir müssen sie plausibel machen, wir müssen sie wieder sagbar machen, mit denen wir diesem ungeheuren Turbokapitalismus entgegentreten können. Denn wenn wir *nur* die alten Lehren verwenden, werden wir eine neue Niederlage erleiden!

Chr. G.: Diesem Kapitalismus entgegentreten mittels individueller oder Gruppenbewegungen – ich glaube, Frau Wagenknecht, das sehen Sie anders ...

S. W.: Ich denke, man muß differenzieren. Natürlich, hier und heute haben wir es mit dem Kapitalismus als machthabender Gesellschaft zu tun. Also sind wir gezwungen, zunächst einmal innerhalb dieser Ordnung politisch zu arbeiten. Wer das in Frage stellt, wäre ein Illusionist oder Träumer. Es geht nicht darum, die Hände in den Schoß zu legen und auf den Tag der Revolution zu warten. Aber trotzdem machen wir doch den Leuten etwas vor, wenn wir so tun, als ließen sich die Probleme allein durch Gegendruck lösen. Ich will nicht falsch verstanden werden: Es wäre heute schon sehr viel gewonnen, wenn es endlich breite Gegenbewegungen gäbe. Denn *wenn* wir dem Kapital Zugeständnisse abringen können, dann nur dadurch, daß von unten Druck gemacht wird. Das kann eine Partei durch die beste Parlamentsarbeit nicht erreichen. Dazu bedarf es des organisierten Widerstandes von möglichst vielen Leuten.

Wir haben es doch in den letzten Wochen erlebt: Als endlich einmal Arbeiter auf der Straße waren, als die Bergleute gestreikt haben und den Bonner Politikern auf den Leib gerückt sind, als die Bauarbeiter in Berlin aktiv wurden, da wurde die Koalition unruhig, da bekam sie Angst. Und sie war heilfroh, als sie es dann endlich geschafft hatte – wieder mal mit SPD-Hilfe –, die Leute wieder von der Straße herunterzukriegen. Da zeigt sich doch: So sensibel reagiert weder Kapital noch Kabinett, wenn irgendwo eine feurige Parlamentsrede gehalten wird. So reagieren sie nur, wenn Menschen auf die Straße gehen, wenn sie sich wehren, wenn außerhalb der Parlamente etwas in Bewegung kommt.

Hier und heute ist tatsächlich das Wichtigste, was Linke tun können – in dem Punkt stimme ich mit Gerhard Zwerenz überein –, Menschen zu motivieren, sich zu widersetzen, ihnen vor Augen zu führen, daß es notwendig ist zu kämpfen. Und daß es lohnt! Denn natürlich gibt es politische und wirtschaftliche Spielräume, natürlich ist es möglich, durch massiven Druck zu erzwingen, daß sie ausgelotet werden.

Aber das ist nur die eine Seite. Es wäre doch absolut unehrlich, so zu tun, als ließen sich einfach nur durch Straßenaktionen die Probleme lösen, ohne daß die Grundfesten des Kapitalismus angetastet werden. Es ist doch einfach nicht wahr, daß es soziale Gerechtigkeit geben kann, solange der Profitmechanismus die wirtschaftlichen Entscheidungen bestimmt. Es gibt Spielräume, aber es gibt auch ganz klare Grenzen solcher Spielräume, nämlich dort, wo die Rendite der privaten Anteilseigner in Gefahr gerät. Kapitalismus reproduziert sich eben nur, wenn für die Kapitaleigner satte Profite herausspringen. Ohne Änderung der Eigentumsverhältnisse kann kein Management aus diesem Mechanismus ausbrechen. Allenfalls um den Preis, daß der betreffende Konzern binnen kurzem bankrott wäre.
Das Perfide an der Globalisierungs-Ideologie ist ja gerade, daß sie *unter Voraussetzung kapitalistischer Weltwirtschaftsstrukturen* gar nicht so leicht von der Hand zu weisen ist: Es gibt heute tatsächlich eine globale Bewegung des Kapitals auf der Suche nach der höchstmöglichen Rendite. Es gibt in diesem Sinne auch einen kapitalistischen Standortwettbewerb, da jede Region auf dieses von privaten Institutionen und Personen dirigierte Kapital angewiesen ist. Auch wenn es nicht ganz so leicht geht, wie die neoliberale Doktrin suggeriert: Prinzipiell kann Produktion an verschiedene Orte verlagert werden, kann ein Werk statt in Frankreich auch in Brasilien betrieben werden. Damit verfügt das Kapital natürlich über ganz neue und viel weitergehende Druckmittel gegenüber den nationalen Regierungen.
Sicherlich wäre es schön, wenn wir mehr Sozialisten hätten, als wir haben. Aber längerfristig reicht es doch nicht aus, daß die Leute sich individuell als

Sozialisten verstehen und dem Kapital Widerstand entgegensetzen wollen. Denn solange sie in dieser kapitalistischen Gesellschaft leben, solange sind sie in gewisser Hinsicht auch in deren Logik eingebunden. Man kann darüber lächeln, daß auch der Sozialist in ein kapitalistisch produziertes Auto steigt – aber hat er denn die Wahl? Sicher, er kann aufs Auto verzichten – wenn er sich das bei den heutigen Bahnpreisen leisten kann. Der Macht der Automobilkonzerne ist durch individuelle Kauf-Verweigerung jedenfalls kein Abbruch getan.

Ich finde es einfach nicht akzeptabel, sich mit den gegebenen Verhältnissen, mit der Macht des Kapitals und der profitbestimmten Produktion, abzufinden. Wer das tut, hat sich faktisch damit abgefunden, daß dieser Planet in absehbarer Zeit unbewohnbar wird. Schon heute produziert das Kapital in den Schwellen- und Dritte-Welt-Ländern ein Elend, das unvorstellbar und kaum mehr steigerbar ist. Auch in den Industrieländern wächst die Armut, wächst der Anteil der Menschen, die kaum mehr das Nötigste zum Leben haben. Und das, obwohl die Produktivität der Arbeit unablässig steigt, obwohl es technisch längst möglich wäre, weltweit Armut, Hunger, Kindersterblichkeit zu beseitigen. Aber heute geht die Entwicklung genau in die entgegengesetzte Richtung. Und das *hat* seine kapitalistische Logik, das *wird* innerhalb des Kapitalismus nicht umzukehren sein. Es gibt geradezu eine Spirale der Verarmung, die eben aus dem Wettbewerb der "Standorte" resultiert. Zugleich zeigt sich, daß der Kapitalismus unfähig ist, die ökologischen Probleme in den Griff zu bekommen. Das soll nicht systembedingt sein? Solange eine kleine Clique von Leuten und nicht die Gesellschaft selbst darüber entschei-

det, was mit dem gesellschaftlich erarbeiteten Reichtum geschieht, wo investiert und wo nicht investiert wird, wo Arbeitsplätze entstehen oder vernichtet werden – solange das in der Entscheidungsgewalt einiger Topmanager, Großindustrieller und Großaktionäre liegt, solange werden solche Entscheidungen natürlich auch nicht sozialen und ökologischen Kriterien folgen, sondern dem einzigen Kriterium, das für das private Kapital relevant ist: dem des maximalen Profits.
Ich sehe nicht, wie man diesen Mechanismus aufbrechen will, ohne – da bleibe ich in der Tat bei der "alten" Antwort – ohne Eigentumsverhältnisse und damit Produktionsverhältnisse zu verändern. Das steht nicht schon morgen auf der Tagesordnung. Aber wenn es je auf die Tagesordnung kommen soll, müssen wir es als Linke doch schon heute vertreten. Es geht schließlich darum, grundsätzliche gesellschaftliche Alternativen wieder ins Gespräch zu bringen. Wer, wenn nicht wir, soll das tun? Sollen wir die Illusion noch bestärken, daß wir nur ein bißchen an der bestehenden Gesellschaft herummodeln müssen, und dann kommt plötzlich ein Kapitalismus mit menschlichem Antlitz heraus? Nein, wir sollten ganz ehrlich sagen: Es wird wahnsinnig schwer werden, eine sozialistische Gesellschaft zu erreichen, es wird massiven Widerstand geben, und es ist auch nicht ausgemacht, daß wir es schaffen – aber ohne grundsätzliche Veränderungen, ohne Eingriffe ins Eigentum der heute Herrschenden hat die Menschheit langfristig keine Chance.
In diesem Sinne meine ich: Selbst wenn wir nur zehn Prozent Aussicht auf Erfolg hätten, würde es sich lohnen, für diese zehn Prozent zu kämpfen. Allerdings denke ich, es sind weit mehr. Zwar hat der

Kapitalismus seit seinem zweiten Weltsieg seine Macht und Brutalität unglaublich vergrößert. Aber er ist zugleich – und vielleicht gerade dadurch – innerlich furchtbar marode geworden. Auf ganz andere Art marode als der vergangene Sozialismus es war.

Sehen wir uns doch an, wie die bürgerliche Politik agiert: dilettantisch, kurzsichtig, konzeptionslos. Die Staatsschulden stagnieren auf gigantischem Niveau und werden nur durch eine rigorose Umverteilung nach oben am weiteren Steigen gehindert. Die Reallöhne werden immer tiefer in den Keller gedrückt, angeblich, um die Investitionsquote wieder zu steigern. Aber das funktioniert natürlich nicht. Wenn keiner mehr da ist, der dem Kapital seine Güter abkaufen kann, wird die attraktivste Profitrate kein Unternehmen zur Erweiterung seiner Produktion veranlassen. Vielmehr fließt ein immer größerer Teil der Gewinne in den Finanzsektor, führt dort zu immer höheren Vermögens- und Kreditpyramiden und rein spekulativen Einkommen, die überhaupt keine realwirtschaftliche Grundlage mehr haben. Die deshalb auch sofort entwertet würden, wenn sie aus der spekulativen in die reale Sphäre des Tauschs von Gütern und Dienstleistungen zurückfließen würden.

Genau das ist die Entwicklung, die sich seit 10 bis 20 Jahren abzeichnet: aufgeblähte Finanzmärkte, rein fiktive Vermögenswerte, immer weniger Sachinvestitionen, stagnierende oder sinkende Reallöhne, folglich eine schrumpfende reale Produktionsbasis – eine Entwicklung, die unmöglich auf Dauer fortzuschreiben ist. Aber die bürgerliche Politik hat darauf keine Antwort, es sei denn, eine extrem rechte. Damit die auf keinen Fall wieder zum Zuge kommen kann,

brauchen wir linke Gegenstrategien, linke Alternativen. Aber die werden langfristig nur jenseits des Kapitalismus zu finden sein.
Der heutige Kapitalismus ist, denke ich, bei weitem nicht so stark und so gefestigt, wie er auf den ersten Blick erscheint. Seine wichtigste Stärke ist seine scheinbare Alternativlosigkeit. Denn mit dem Zusammenbruch des vergangenen Sozialismus scheint die Möglichkeit einer grundsätzlichen Alternative ad absurdum geführt. Aber das ist eben nur ein Schein. Das stimmt eben nicht! Und gerade deshalb ist es so wichtig, bessere, konkretere Vorstellungen zu entwickeln, wie eine Gesellschaft auf nichtkapitalistischer Grundlage funktionieren kann. Diese Frage hat sich mit der erlittenen Niederlage keineswegs erledigt. Der Kapitalismus ist doch nicht deshalb unüberwindbar geworden, weil der erste Versuch, ihn zu überwinden, fehlgeschlagen ist. Allerdings ist es gerade der Glaube an seine Unüberwindbarkeit, der ihn so stark macht. Der Grund für die Stabilität der heutigen Verhältnisse ist doch nicht, daß die Mehrheit der Menschen sie gut findet und mit ihnen zufrieden ist. Der Hauptgrund ist, daß die meisten resigniert haben, daß sie davon ausgehen, daß sich an den Verhältnissen nun mal nicht viel ändern läßt. Ich denke, diese Resignation sollten wir nicht noch bestärken, sondern dagegen sollten wir möglichst stark und möglichst überzeugend argumentieren. *(Beifall)*

Chr. G.: Um Ihnen dann noch die Gelegenheit zu geben, sich mit Ihren Problemen an die beiden Autoren zu wenden, vielleicht nur noch eine letzte Frage. Ich greife das auf, was Frau Wagenknecht sagte: Es ist noch nicht soweit, daß das Ei-

gentum an Produktionsmitteln wieder auf gesellschaftlicher Basis begründet wird, aber wir befinden uns auf dem Wege dorthin ... Mir scheint dieser Weg im Moment kaum erkennbar, denn all das, was wir jetzt an Sozialabbau erleben, trifft zumeist die ohnehin schon Schwachen, die zu einem Großteil resigniert und wohl kaum zu politischer Aktion bereit sind. Ich kann den Punkt nicht sehen, wo diese Resignation vielleicht wieder in Aktivität umschlägt. Und, Herr Zwerenz, Sie haben das Auftreten der Kohlekumpel in Bonn erlebt, das ich persönlich nicht unbedingt als eine erste Phase der proletarischen Weltrevolution ansehe ... *(Lachen im Publikum)* – ich sehe darin vor allen Dingen ein Begehren, das uns wohl alle eint, das Streben nach einer gewissen Besitzstandswahrung.
Es ist wohl nicht zu übersehen, wie die Produktionsstandorte in den neuen Ländern gegen die in den alten Ländern ausgespielt wurden, wie es an vielen Stellen letztlich darum ging und geht, die eigenen sozialen Standards zu konservieren. Und ich denke schon, daß die deutsche Arbeiterklasse in dieser Beziehung einigermaßen korrumpiert ist und versuchen wird, das, was in Deutschland an sozialer Sicherheit, an Lebens- und Erlebnismöglichkeiten noch gegeben ist, gegen die Ansprüche der Arbeiterklassen anderer Länder beziehungsweise der Menschen anderer Regionen zu verteidigen. Woher soll also diese Trendwende kommen?

G. Z.: Ich glaube, daß das meiste, was Frau Wagenknecht hier sagt, sowohl von mir persönlich akzeptiert werden kann als auch durch die unendlich vielen PDS-Papiere abgedeckt wird, die wir fortwährend produzieren. Wir sind in der Kritik an den

kapitalistischen Verhältnissen unschlagbar, niemand übertrifft uns darin. Unsere Rednerinnen und Redner können das auch sehr klug machen, nur: Wir erreichen damit nichts mehr!
Wir müssen uns eingestehen, daß es für solche Äußerungsarten Zeiten gibt, wo es aufwärts geht, und wiederum Zeiten, wo es abwärts geht. Alles, was wir heute an Kritik äußern, ist in der Zwischenzeit doch sehr weitgehend, zumindest für bestimmte politische Gruppierungen, Allgemeingut geworden – es lockt niemanden hinter dem Ofen hervor ... Das hat bestimmte Gründe, über die ich jetzt aus Zeitmangel nicht sprechen kann.
Ich fürchte in der Tat, wenn uns nichts *anderes* einfällt, wenn wir die Menschen nicht *anders* ansprechen können, als nur über diese Kritik, dann werden sie uns weiterhin allein lassen, dann werden sie uns auch in Zukunft im Regen stehen lassen. Die Realität ist doch so:
In Bonn demonstrieren die Bergleute. Ich brauche nur aus meinem Bürohaus herauszutreten, und schon bin ich mitten unter ihnen. Aber was geschieht? Plötzlich haben sie die Losung bekommen, sich nach Köln zurückzuziehen, damit hier in Ruhe ein Kompromiß ausgehandelt werden kann, und sie haben nichts Eiligeres zu tun, als nach Köln abzuhauen, "in Wartestellung", und zurück bleibt eine Division von Bierflaschen und sonstigem Abfall. Man zieht die Sache noch eine Zeitlang hin, und dann fahren sie nach Hause ...
Ich würde das, wenn ich es marxistisch klassifizieren müßte, als eine relativ folgenlose Art von Maschinenstürmerei bezeichnen. Andererseits gebe ich Sahra Wagenknecht recht, daß solche Aktionen trotz allem einen gewissen Wert haben: Diese Er-

scheinungen haben die Regierung und die Machtverhältnisse, die sie verteidigt, verunsichert. Und solcherart Verunsicherung erleben wir jetzt fortwährend, und ich gebe auch zu, daß die Verunsicherung anhalten wird und uns möglicherweise noch größere Krisensituationen bevorstehen. Das Fatale aber ist, daß wir im Prinzip keine Konzepte haben, um uns in solche Bewegungen einzuklinken, geschweige denn, sie für unsere Ziele wirksam zu nutzen. Wir als Sozialisten, als PDS, haben mit diesen Ereignissen, mit den Aufmärschen der Bergleute in Bonn oder auch der Bauarbeiter in Berlin, null Komma nichts zu schaffen gehabt, wir sind damit nicht befaßt gewesen! Wir werden einfach überrollt! Die Sozialdemokraten, die Grünen beherrschen dort das Feld. Und wir können noch so sehr beteuern, daß wir andere Verhältnisse anstreben, daß wir außerparlamentarische Aktionen initiieren wollen – all das sind nur leere Worte: Unser Ausgangspunkt ist falsch!

Ich verstehe es – und ich war genauso –, wenn man wie Sahra Wagenknecht, die das alles gewissenhaft studiert hat, meint, daß man auf diesem Wege etwas erreichen kann. Ich sage: Wir erreichen gar nichts! Wir müssen andere Wege gehen! Und das gilt auch für die Art der Darlegung unserer Probleme. Wir müssen die Sprache, mit der wir auf die Menschen zugehen, ändern – die herkömmliche Sprache ist tot!

Wenn ich versucht habe, in diesen zweieinhalb Jahren, die ich im Bundestag sitze, mit meinen alten Freunden von der Sozialdemokratie oder den Grünen, insbesondere den Linken, die ja dort einmal stärker vertreten waren als heute, die es aber doch noch gibt, mich über Kritik an bestimmten negativen

Seiten dieser Gesellschaft zu verständigen, dann sind wir prinzipiell durchaus einer Meinung, aber dann sagen sie mir: Du, der du jetzt die Interessen der PDS vertrittst, hast überhaupt kein Recht, Kritik zu üben, denn *euch* gibt es ja gar nicht mehr. Ihr habt ja dieses äußere Modell auf Null gebracht, ihr habt es gegen die Wand gefahren – und das müssen wir uns bei all unserer klugen Kritik einmal wirklich zu Herzen nehmen ...

Und es ist ja in der Tat so: Bei all unseren intellektuellen Potenzen, bei all unserem energischen Aufwand, bei allem, was wir sagen, was wir wissen – über hundertfünfzig Jahre waren wir scheinbar die Klügsten dieser Welt –, haben wir die Revolution auf Null gebracht! Dabei will ich ausdrücklich betonen, daß ich es akzeptiere, wenn Sahra Wagenknecht dafür plädiert, daß es richtig war, daß Lenin und seine Gruppe von Berufsrevolutionären 1917 die Revolution versucht haben. Und ich halte es auch für richtig, daß wir nach dem zweiten Weltkrieg versucht haben, in diesem Teil Deutschlands eine Revolution zu stiften. Es war richtig, aber es war Voluntarismus. Das Verhältnis des Voluntarismus zum Marxismus jedoch ist ein gespaltenes, auf alle Fälle entspricht er nicht der reinen Marxschen Lehre. Aber auch mit der reinen Marxschen Lehre kommen wir heute überhaupt nicht weiter ...

Und lassen Sie mich ein letztes Problem anschneiden: Die Globalisierung, die uns zwar in der Regel übertrieben dargestellt wird, die aber zweifelsohne über einen harten Kern verfügt, hat zur Folge, daß alles längst nicht mehr so logisch abläuft, wie es früher in den Klassenverhältnissen zugegangen ist. Es ist nicht mehr so, daß nur die Armen ärmer werden. Es ist ausdrücklich *natürlich* so, daß alles auf Kosten der Schwächeren und Ärmeren geht, aber in der Zwischenzeit sind eben auch Manager, vor allen Dingen das mittlere Management, von Arbeitslosigkeit bedroht. Und das hat etwas mit den Umständen dieser Globalisierung zu tun. Auf einem jüngst abgehaltenen Kongreß über Globalisierung in Amerika beispielsweise zeichnete einer der Referenten nahezu unwidersprochen die zu erwartende Entwicklung mit folgenden Worten: Wenn wir die Globalisierung weltweit durchsetzen, werden von hundert derzeit Beschäftigten nur noch zwanzig Arbeit haben, und achtzig scheiden aus, und die zwanzig werden so viel produzieren, wie jetzt die hundert. Und auf die Zwischenfrage eines etwas ungläubigen Kritikers, was denn mit den 80% geschehen solle, antwortete der Mann: Die haben eben Pech gehabt.

Dies ist der Kurs des modernen Kapitalismus, des Turbokapitalismus. Dem sich entgegenzustellen mit leninistischen Parolen, mit alten marxistischen Weisheiten, mit dem, was in der Vergangenheit seine Untauglichkeit erwiesen hat, ist mit Sicherheit nur die Vorbereitung auf eine neue Niederlage.

Ich weiß, daß uns das allen nicht gefällt, mir gefällt es auch nicht, aber wir kommen nicht darum herum, gegen diese Globalisierung mit *neuen* Mitteln – und es gibt sie! Darüber muß man einmal gesondert sprechen – Front zu machen. Wenn wir diese Globalisierung nicht zurückschlagen, dann werden wir in der Tat vom Kapital überrannt, und da dieses Kapital vollkommen blind ist in seinem Siegeslauf, wird dies weltweit, insbesondere in den kapitalistischen Ländern, zu einer ungeheuerlichen Bürgerkriegssituation führen, und es soll niemand glauben, daß man daraus dann wiederum eine sozialistische Revolution schustern könne! Dann geht es eben zu wie bei Orwell 1984: Dann strebt alles in Richtung einer großen Diktatur.

S. W.: Die Gefahr ist real, daß der Kapitalismus, wenn er mit den Problemen gar nicht mehr zurechtkommt, wieder zu offen diktatorischen Formen greift, um sich auf diese Weise zu stabilisieren. Wir sehen ja, wie die Nazis in diesem Land, und nicht nur hier, wieder aus ihren Löchern kriechen. Es ist schon beängstigend, wie Nazi-Aufmärsche polizeilich geschützt werden, während antifaschistische Gegendemonstrationen niedergeknüppelt werden. Die neofaschistischen Parteien werden zwar noch nicht direkt aufgebaut; aber sie werden längst nicht mehr klein gehalten. Man scheint sie in gewissem Sinne wieder zu brauchen. Die Gefahr ist also da. Aber spricht nicht auch das dafür, nicht nur gegen bestimmte Erscheinungen dieses Kapitalismus zu kämpfen, sondern ihn als Gesellschaftsordnung in Frage zu stellen? Gerade weil der Kapitalismus immer wieder dazu tendiert, Faschismus zu produzieren, wenn er mit den Problemen nicht mehr zu Rande kommt und Unzufriedenheit nicht mehr anders kanalisieren kann, gerade deshalb ist eine sozialistische Alternative um so notwendiger. – Ich meine, die Argumente, die Gerhard Zwerenz eben gebracht hat, führen gerade zur entgegengesetzten Schlußfolgerung.
Bestätigt wird dieser Schluß auch durch das, was Gerhard Zwerenz zuletzt angeführt hat: den Trend zu wachsenden Arbeitslosenzahlen. Es ist ja tatsächlich so, daß die vielgerühmte Globalisierung, zusammen mit der modernen technischen Entwicklung, dazu führt, daß immer mehr Menschen aus dem Er-

werbsleben ausgegrenzt werden und die sozialen Standards sich international nach unten angleichen. Aber doch nur unter kapitalistischen Bedingungen. Weshalb werden die Leute denn entlassen? Weil die Jagd nach der maximalen Rendite es vorschreibt! Das erzeugt eine Spirale mit eingebautem Selbstverstärkungsmechanismus, der mit technischem Fortschritt überhaupt nichts zu tun hat: Immer weniger Leute werden gebraucht, um das gleiche Produktionsergebnis zu erreichen. Also werden die anderen auf die Straße geschmissen. Genau deshalb findet das bisherige Produktionsergebnis aber keinen Absatz mehr, weil die Entlassenen natürlich weniger kaufen können als zuvor. Das heißt, es gibt einen Anreiz, wieder Leute wegzurationalisieren, denn noch weniger Arbeitskräfte befriedigen ja den gesunkenen zahlungskräftigen Bedarf. Aber der sinkt damit weiter ... Das ist doch der Irrsinn: Technisch könnten immer mehr, vor allem auch qualitativ bessere und somit ökologisch verträglichere Güter und Dienstleistungen produziert werden, es könnte weit mehr Reichtum geschaffen werden, die Menschheit könnte immer besser leben, ohne Mangel, ohne Not. Tatsächlich findet das Gegenteil statt: Die Lebensperspektiven der Menschen verschlechtern sich, die Kontraste werden größer, Armut und Elend nehmen zu. Und zwar aufgrund von Prozessen, die innerhalb des Kapitalismus genaugenommen nicht aufhaltbar sind. Nicht die Globalisierung ist schuld, sondern ihr kapitalistischer Charakter. Wie will man nun aber ihre asozialen Folgen bekämpfen, ohne die kapitalistischen Strukturen in Frage zu stellen? Das ist mir ein völliges Rätsel, das funktioniert doch nicht! Man kann nicht Kapitalismus auf nationalstaatlicher ...

G. Z.: *(ziemlich aufgebracht:)* Außerhalb des Kapitalismus funktioniert es genauso wenig, nachdem wir einsehen mußten, daß wir keine Möglichkeit mehr dazu haben! Wir haben nur die Möglichkeit, *innerhalb* des Kapitalismus diesen Lauf aufzuhalten! *Das* ist die grundsätzliche Differenz zwischen Sahra Wagenknecht und mir!

S. W.: Ich denke, daß es einfach ein Fehlschluß ist, daraus, daß eine Gesellschaftsform im ersten Anlauf gescheitert ist, zu schlußfolgern, daß sie prinzipiell nicht durchführbar ist. Wenn wir die Geschichte des Kapitalismus betrachten, stellen wir fest, daß er immerhin über 500 Jahre gebraucht hat, ehe er sich vollends durchgesetzt hatte. In dieser Entwicklung gab es immer wieder riesige Rückschritte; es gab eine Reihe von Phasen, wo das Feudalsystem absolut jegliche Ansätze der kapitalistischen Produktion wieder überrollte, sie wieder zurückdrängte, und dann hat sich das gerappelt und wieder durchgesetzt. Und dabei ging es hier eigentlich nur um einen vergleichsweise geringen Bruch in der Menschheitsgeschichte, weil in diesem Falle nur eine Ausbeutungsgesellschaft durch eine neue abgelöst wurde. Der Bruch, der heute notwendig ist, ist ein ganz anderer, qualitativ viel schwieriger ...

G. Z.: Aber Sahra Wagenknecht, das sind doch grundsätzliche Fehlschlüsse! Jetzt sehen Sie doch völlig davon ab, daß wir ganz andere Zeitläufe haben. In den frühen Phasen des Kapitalismus ist die Zeit viel langsamer gelaufen. Heute haben wir es mit einer ungeheuren Verschnelligung von Zeit zu tun; insofern haben wir auch nicht soviel Zeit zu warten. Wer will denn 500 Jahre warten, bis der Kapitalismus

sich selbst so weit kaputtgemacht hat, daß der Sozialismus vielleicht noch mal geboren wird – er würde tot geboren werden!
Wir müssen von ganz anderen Bedingungen ausgehen. Die Entwicklung verläuft heutzutage mit nie dagewesener Beschleunigung. Wenn man ein Jahr lang keine Analyse anstellt, wenn man versäumt zu erforschen, wie sich die Welt verändert, ist man schon so rückständig, daß man sich jeglicher Einflußmöglichkeit auf den Gang der Entwicklung beraubt. Wir müssen mit völlig anderen Schnelligkeitsverhältnissen fertig werden, und das Schlimme daran ist: Plötzlich sind *wir* diejenigen, die ganz langsam denken und uns fragen: Was hat Marx zu dieser Situation gesagt? – Ja, mein Gott! Wenn wir die Entwicklungsgeschichte der Menschheit betrachten, fragen wir etwa, was Darwin da gesagt hat?
Wir haben es jetzt und hier mit einer gewaltigen revolutionären Verschnelligung zu tun, die nicht zuletzt auf die ungeheure Kraft des Kapitals zurückzuführen ist, und es ist unsere Aufgabe, dem eine ganz andere, eine revolutionäre und demokratische Strategie entgegenzusetzen. Mit den alten Formeln – Stichwort Kampf für ein anderes System – ist gegen diesen Moloch nichts auszurichten.
Ich möchte aber noch zum Schluß die Gelegenheit ergreifen, mich mit Sahra Wagenknecht in einer Art zu solidarisieren. Vor ein paar Tagen habe ich gesehen, daß dieser unsägliche General, dieser Herr Schönbohm, Bundeswehrgeneral a. D., in einem Fernsehinterview wieder losgelassen worden ist und dort über die Observation der PDS philosophiert hat, und ein Interviewer, den ich ansonsten gar nicht für so schlaumeierisch halte, bemerkte dazu, ja, ach so,

da wird also die kommunistische Plattform beobachtet, und dann warf er sogar noch den Namen von Sahra Wagenknecht in die Debatte ... Ich muß sagen, *dies ist eine Zielansprache* ! Hier werden Leute, die mit Pistolen und Gewehren im Gange sind, zu entsprechender Aktion verleitet! Denn genau zur gleichen Zeit ist einer unserer Genossen, ein PDSler, von einem verhetzten Rechtsradikalen angeschossen worden, und derselbe Kerl hat dann noch einen Polizisten getötet. Und was hat dieser General a. D. zu tun? Er hat gegen die Linken zu hetzen, statt pflichtgemäß auf die Rechten zu achten, die Mord und Totschlag und Diktaturpläne ausbrüten! Aber nicht dagegen wendet er sich, sondern gegen die demokratische Partei PDS. – Das wollte ich noch gesagt haben ... *(Beifall)*

Chr. G.: Frau Wagenknecht, wie spät ist es wirklich im Hinblick auf den Kapitalismus? Welche Formen der Auseinandersetzung werden jetzt dem Ganzen noch gerecht?

S. W.: Also, ich mache es wirklich jetzt kurz, aber ich möchte trotzdem das vorher Angeschnittene zu Ende bringen. Wir stimmen im letzten Punkt dann ja wieder überein, aber dennoch muß man natürlich innerhalb der Linken die Konflikte austragen. Im übrigen halte ich es gerade für fruchtbar, daß in der PDS doch sehr unterschiedliche Positionen Platz haben – ich hoffe, daß es auch dabei bleibt, weil nur dadurch, denke ich, längerfristig auch Konzepte entwickelt werden können, daß Unterschiedliches aufeinanderprallt.
Das Merkwürdige ist ja in der Tat, daß wir in bestimmten Argumenten übereinstimmen, nur in den Schlüs-

sen nicht. So rührt gerade aus dem Argument, daß alles viel schnellebiger abläuft, mein Optimismus. Ich denke eben keinesfalls, daß Sozialismus erst in 500 Jahren wieder relevant wird. In 500 Jahren, wenn Sozialismus bis dahin nicht relevant geworden ist, wird es, so wie sich die Entwicklungen jetzt vollziehen, diese Menschheit und diese Erde nicht mehr geben! Also muß sich offenbar vorher etwas verändern.

Und hat sich nicht in letzter Zeit schon einiges zum Positiven gewandelt? Wir haben 1989/90 eine ungeheure Niederlage erlitten, wir haben uns damals in diesem Land kaum aus dem Haus getraut, gegen uns wurde zum Teil eine bedrohliche Pogromstimmung angefacht, und wir hatten kaum noch irgendwo Akzeptanz ... In den Diskussionen der letzten Zeit jedoch – sei es in den relativ häufigen Veranstaltungen, zu denen ich eingeladen werde, sei es im Disput mit Kommilitonen während meiner Studienzeit, nicht zuletzt auch in Gesprächen mit Bekannten und Verwandten – habe ich festgestellt, daß sich eine Menge in den Stimmungen verändert hat. Dann spüre ich, wie man uns heute wieder viel aufgeschlossener gegenübertritt, wie man die bestehende Gesellschaft schon erheblich kritischer betrachtet. Und daraus schöpfe ich Hoffnung, daß die Entwicklung auch für die Zukunft nicht stehenbleiben wird.

Natürlich, die Aktionen in Berlin und Bonn drehten sich um schlichte materielle Interessen, man kann das auch herablassend als "Besitzstandswahrung" bezeichnen. Aber ist Besitzstandswahrung der abhängig Beschäftigten gegen das Kapital nicht völlig legitim? Illegitim wird es erst, wenn es dem Kapital gelingt, die Leute gegeneinander auszuspielen.

Wenn sich der Unmut nicht gegen die Verursacher der Misere richtet, sondern beispielsweise gegen noch mehr ausgebeutete Menschen anderer Nationalität. Gerade weil die Herrschenden genau das immer wieder versuchen werden, muß die Linke alles daran setzen, in den sozialen Bewegungen wieder Fuß zu fassen und diesem "Teile und herrsche" etwas entgegenzusetzen.

Wir können konstatieren, daß wir den Fuß nicht drin haben. Aber wichtig ist doch nicht, das festzustellen, sondern wichtig ist, darüber nachzudenken, wie wir das ändern können. Und es ist eine andere Tatsache, daß SPD und Grüne – auch wenn die SPD in den Gewerkschaften nach wie vor beträchtlichen Einfluß hat – ebenso ihre Akzeptanzprobleme haben, daß SPD-Leute zum Teil ausgepfiffen wurden, weil die Leute begriffen haben, daß diese Partei sich längst nicht mehr wirklich für sie engagiert. Weil die große Koalition, die in Sachen Sozialabbau in Bonn faktisch seit Jahren existiert, natürlich wahrgenommen wird. Das wird schon verstanden, nur heißt das eben längst nicht, daß die Leute dann automatisch ihre Hoffnung auf die PDS setzen. Aber daran müssen wir arbeiten, darüber müssen wir uns den Kopf zerbrechen. Wir *müssen* dort wieder rein, wenn wir in diesem Land etwas bewegen wollen, wir müssen auch bei Arbeitern wieder Boden gewinnen, wir müssen versuchen, uns dort eine Basis aufzubauen. Auch um dem Gegeneinander-Ausspielen der Betroffenen, der rassistischen Hetze, der Ellenbogen-Mentalität etwas entgegensetzen zu können. Denn nur so werden wir Einfluß darauf nehmen können, daß sich Protestaktionen gegen die tatsächlichen Verursacher richten, gegen die Konzerne, gegen die nie satt zu bekommenden Shareholder, gegen Manager, die die Löhne in den Keller zu drücken suchen. Und nicht gegen diejenigen, die aus Not zu noch niedrigeren Löhnen arbeiten und damit noch brutaler ausgebeutet werden.

Die Diskussion

Chr. G.: Ich bitte nun um prägnante, interessante Fragen oder Meinungen aus dem Publikum.

Älterer Herr: Ich will nur sagen, es tut mir weh, wenn ich sehe, daß zwei Genossen, die beide meine hohe Achtung genießen, sich mitunter in die Wolle geraten und nicht sehen, daß sie um zwei Seiten derselben Medaille streiten ...

Noch ein älterer Herr: Ich muß sagen, die BRD und die Kapitalisten haben doch keine neuen Methoden. Schon die alten römischen Imperatoren haben nach der Methode "Divide et impera!" geherrscht, und dasselbe tut der Kapitalismus jetzt auch nur – das muß bloß erkannt werden!
Ich bin kürzlich in Trier gewesen, da, wo das Karl-Marx-Museum und auch das Karl-Marx-Gymnasium ist. Ich habe mit den Gymnasiasten im Karl-Marx-Museum gesprochen, und ich habe festgestellt, daß auch die das begriffen haben.
Mit ihrem Museum, muß ich sagen, hinken die dort ganz schön hinterher: Das ist der Standpunkt von 1900, der dort verkündet wird ...

Chr. G.: Hier war noch eine Meinungsäußerung ...

Ein weiterer Herr aus dem Publikum: Ich habe eine Frage. Sie haben es sicher auch registriert, daß am vergangenen Wochenende dreihundert Marxisten unterschiedlichster Herkunft in Hannover zusammengetroffen sind. Wie werten Sie diese Bildung einer sozialistischen Ökumene? Ist das in Ihren Augen für die europäischen Linken ein erfolgversprechender Neuansatz, kann das einen Gegenpol zur Globalisierung in Europa darstellen?

Noch ein älterer Herr: Zunächst einmal: Es macht ungeheuer Spaß und es ist äußerst interessant, Ihrem Streitgespräch über die Zukunft unseres Landes, über die Probleme des Kapitalismus zu folgen. Ich halte das auch insofern für sehr wichtig, daß Sie damit wichtige Denkimpulse vermitteln. Die andere Seite ist die: Es ist ziemlich schwer zu verkraften, wie Sie die Tatsache bewerten, daß wir den Sozialismus auf Null gefahren haben, die Revolution auf Null gefahren haben und daß *natürlich* diese Niederlage das weitere Vorgehen beeinflußt ... Mein Eindruck ist, daß Sie beide, wenn es um dieses Auf-Null-Fahren geht, die Sache viel zu einseitig interpretieren: Sie, Herr Zwerenz, überhäufen uns mit Schuldzuweisungen, und Frau Wagenknecht stellt die Vergangenheit über alle Maßen positiv dar – das tut weh!

Erregte Stimme aus dem Hintergrund: Auf Null überhaupt nicht!

Der ältere Herr: Doch, doch, ich bin schon der Meinung, daß wir's auf Null gefahren haben ...

Erregte Stimme: Quatsch, so was! Wer erzählt denn immer so was!

Chr. G.: Bitte lassen Sie doch den Mann ausreden!

Erregte Stimme: Ach, ihr redet doch genauso wie ... *(Rest geht in unwilliger Publikumsreaktion unter.)*

Chr. G.: Wollen Sie fortfahren?

Der ältere Herr: Danke, das war's schon ...

Ein Herr mittleren Alters: Mir kam diese Auseinandersetzung vor, nachdem Herr Zwerenz sie so auf bestimmte Punkte reduziert hat, wie ein Streit der Scholasten, wo das Ding an sich bestritten worden ist. Für mich ergibt sich aus allem eine Frage an Sie, Herr Zwerenz:
Ist es wirklich notwendig, wenn man von dieser Realeinschätzung des Kapitalismus ausgeht und wenn man wie Sie – meines Erachtens berechtigterweise – sagt, es gehe jetzt um das Individuum, das Individuum sei gefragt, noch aufzurufen zur Polarisation der Gesellschaft? Müssen tatsächlich nun irgendwelche Aktionen gegeneinander streitender gesellschaftlicher Gruppierungen, sei es Frauen gegen Männer oder was auch immer, stattfinden? Ist so etwas heute überhaupt noch notwendig, oder ist es nicht der realen Lebenssituation adäquater, im Sinne des Modells von Rudolf Bahro zu sagen, wir müssen sozialistische Aktion machen, indem wir die Kräfte des Kapitalismus ausnutzen, indem wir alternative Lebensformen produktiv machen und sie zu unseren Zwecken einsetzen?

Chr. G.: Ich kann leider nur noch zwei Fragen zulassen. *(Die Anwesenden sind bereits informiert, daß Frau Wagenknecht in Zeitdruck ist, weil sie buchstäblich in wenigen Minuten per Zug weiterreisen muß.)* Bitte ...

Wieder ein etwas älterer Herr: Eine Frage zu der Analyse von Marx: Herr Zwerenz, Sie haben gesagt, daß es bei Marx ein schwarzes Loch in der Strategie gibt, und ich akzeptiere das, wenn ich es auch bedaure. Denn die große Frage ist doch: Wenn wir jetzt auf einem tiefen Punkt angelangt sind, wie sollen wir da wieder rauskommen? Was das angeht, muß ich sagen, halte ich Ihre Argumentation, daß wir sozusagen in Grüppchen vorgehen müßten, um damit den großen Kapitalismus besiegen zu können, auch für utopisch ...

Chr. G.: Danke. Noch eine Meinungsäußerung oder Frage. Bitte ...

Eine (ältere) Frau: Vor langen Jahren habe ich mal ein Buch von einem Theologen, Professor Fuchs, gelesen ...

G. Z.: *Emil* Fuchs ?!

Die ältere Frau: Das kann sein, den Vornamen weiß ich nicht mehr ...
Also, der hat sinngemäß gesagt: Wer den Sozialismus ehrlich widerlegen will, der wird zum Marxisten, wer aber bloß daran herumkrittelt und etwas aus dem Zusammenhang herauszieht, der will ihn vernichten. Wenn ich hier manchmal solche einzelnen Sachen raushöre, kommen mir so meine Bedenken. Was aber Frau Wagenknecht gesagt hat, das kann ich nur voll unterstützen.
Aber das ist eigentlich nur die Theorie. Theorie und Praxis gehören aber zusammen, auch hier. Ich will einmal die Situation vor 1933 und heute vergleichen. Damals sprach man ja von Demokratie, und jetzt

haben wir auch wieder eine. Aber was war das damals für eine Demokratie, wie hat sie geendet?
Im Ergebnis der letzten Reichstagswahlen im November 1932 ist mit faktischer Unterstützung der rechten SPD-Führer der großbürgerliche Generalfeldmarschall Hindenburg wieder zum Reichspräsidenten gewählt worden, und *er* hat den Hitler an die Macht gebracht, genau wie es die KPD vorausgesagt hatte, und wenn man damals mit den Menschen gesprochen hat, konnte man meistens hören: Komm, laß mich mit Politik in Ruhe, die Hauptsache ist, ich habe mein Auskommen. Und das lag daran, daß die Leute *politisch* ganz ungebildet waren. Heute sind die Menschen etwas gebildeter ...

G. Z.: *(schmunzelnd:)* Ja? So?

Die ältere Frau: Ja, natürlich, und trotzdem gehen viele den Rechtsradikalen und Neonazis auf den Leim ... *(Das Publikum ist noch belustigt über den Einwurf von Herrn Zwerenz. Der Rest der Frage geht unter.)*

Chr. G.: Das ist sicherlich eine Frage, über die man den ganzen Abend diskutieren könnte. Ich schlage vor, wir geben Frau Wagenknecht und Herrn Zwerenz jetzt Gelegenheit, Antworten auf die gestellten Fragen zu geben.

Die ältere Frau: Ja, richtig, wir brauchen auf vieles die richtigen Antworten ...

Chr. G.: Man muß das Gespräch fortsetzen, da sind wir uns sicherlich alle einig. Frau Wagenknecht, bitte ...

S. W.: Es wird schwierig. Ich muß verdammt schnell versuchen zu antworten, deswegen kann ich leider nicht auf alles eingehen. Eines möchte ich aber doch noch einmal ansprechen, weil ich vorhin nicht darauf reagiert habe: das Problem "auf Null gefahren". – Ich bin prinzipiell *nicht* der Meinung, daß wir's *auf Null* gefahren haben. Wir haben in unserem ersten Anlauf eine Riesenniederlage erlitten, aber andererseits haben wir, denke ich, trotz alledem einiges erreicht. Wir haben es schließlich geschafft, daß die DDR immerhin 40 Jahre lang existiert hat, nicht 40 Tage oder 40 Monate, sondern 40 Jahre! Und in dieser Zeit wurden Erfahrungen gewonnen und gesammelt, die heute durchaus noch eine Rolle spielen: Die Menschen, die die DDR noch bewußt erlebt haben, können vergleichen, welche sozialen Rechte sie hatten und was davon übriggeblieben ist. Diese Vergleichsmöglichkeit macht sie in mancher Hinsicht weniger manipulierbar, als das im Westen der Fall ist. Das macht sie vor allem resistenter gegen die Demagogie, die heutigen sozialen Probleme seien quasi naturgegeben, es ginge einfach nicht anders, als es derzeit ist.

Im Westen höre ich viel öfter: Arbeitslosigkeit, Mietwucher, Obdachlosigkeit – das seien eben Dinge, die es immer gegeben hat, damit müsse man sich wohl abfinden. Ebendeshalb fühlen sich die Betroffenen oft selbst als Versager, sie *schämen* sich für ihr Schicksal, statt sich zu wehren. Die Menschen im Osten aber haben erlebt, daß es – bei allen Defiziten, die es in der DDR gegeben hat und die man auch benennen muß – bestimmte Probleme eben *nicht* mehr gab, daß bestimmte existentielle Nöte abgeschafft waren, und sie wissen, daß die Voraus-

setzung dafür eine anders strukturierte Gesellschaft war, eine Gesellschaft, die auf sozialistische Eigentumsverhältnisse gegründet war.
Und wenn heute die PDS bei Wahlen im Osten bis zu 30 % der Stimmen bekommt, im Westen jedoch nur ein Prozent – wenn wir zwei Prozent haben, freuen wir uns schon –, dann ist das freilich eine Riesenkluft, und die resultiert sicherlich nicht nur daraus, daß wir hier verankert sind, im Westen aber nicht, sondern das hängt auch damit zusammen, daß diese Erfahrungen vorhanden sind, die wiederum eine größere Aufgeschlossenheit für unsere Zielstellungen bewirken. Ich meine, wenn die DDR wirklich so gewesen wäre, wie es immer suggeriert wird, müßte die PDS im Osten auf Null stehen und könnte im Westen vielleicht ein paar Stimmen sammeln – aber es ist ja gerade umgekehrt! Und damit ist, denke ich, auch ein anderes Potential vorhanden für linkes Agieren und auch dafür, Menschen anzusprechen und an sie heranzukommen.
Das heißt nicht, daß wir uns deshalb auf den Osten zurückziehen sollten. Im Gegenteil, gerade deshalb müssen wir in den Westen wesentlich mehr Kraft investieren, damit wir auch dort eine Basis gewinnen. Aber Fakt ist, daß es im Osten leichter ist, und das ist zweifellos *auch* ein Erbe der DDR.
Ein zweites Erbe ist, allen Gegentendenzen zum Trotz, die antifaschistische Erziehung. Zumindest bei den Generationen, die noch zu DDR-Zeiten ihre Schulausbildung hatten, ist die keineswegs verschwunden. Natürlich gibt es inzwischen auch im Osten eine aktive Naziszene, aber man sollte nicht vergessen, daß die ausschließlich durch westdeutsche Funktionäre und westdeutsches Geld aufge-

baut worden ist. Wenn wir uns die Wahlergebnisse ansehen, stellen wir fest, daß zumindest bei denen, die die DDR noch bewußt erlebt haben, Unzufriedenheit sich weit eher in linker Stimmabgabe äußert, anstatt nach rechts auszuschlagen. Auch das ist ein Erbe, und mit Sicherheit kein schlechtes.

Chr. G.: Ich denke, das ist ein sehr komplexes Thema, das wir heute leider nicht mehr ausdiskutieren können ...

S. W.: O.k., ich setze hier einen Punkt. Ich will nur noch einmal bekräftigen: "Auf Null gefahren" erscheint mir nicht richtig; hier *bleibt* etwas von diesem ersten Versuch, und es wird sich in den nächsten Jahren noch zeigen, ob nicht sogar viel mehr geblieben ist, als sich heute darstellt.

Chr. G.: Gut. – Herr Zwerenz, darf ich Sie bitten , von den gestellten Fragen noch eine zu beantworten?

G. Z.: *Eine* Frage ???

Chr. G.: Von den gestellten! – Wir haben noch zwei Minuten ...

G. Z.: Nee, dann sage ich gar nichts mehr! *(Moderatorin und Publikum lachen.)*

Chr. G.: *(verschmitzt:)* Er verweigert sich ...

G. Z.: Wenn ich nur *eine* Frage beantworten darf, sage ich lieber gar nichts ...

Chr. G.: Na, dann vielleicht noch zwei. – Sie sehen, wir sind auch kompromißbereit ...

G. Z.: Na gut ... Als erstes: Ich habe ja nichts gegen wohlklingende Theorien, ich habe nichts gegen verfreundlichende Aussagen wie die, mit denen Sahra Wagenknecht Ihnen eben Hoffnung gemacht hat. Aber wir müssen doch bei den Tatsachen bleiben. Überlegen Sie sich mal, wo die PDS im Osten hingeht. Ich rechne mich jetzt mal dazu, obwohl ich nicht der PDS angehöre: Wir sind ziemlich alt, wir müssen mit 8000 biologischen Abgängen pro Jahr rechnen, und es wachsen einfach zuwenig junge Leute nach. Die Wahlerfolge der PDS im Osten sind zwar einigermaßen erfreulich, aber gleichzeitig reduziert sich die Partei in erschreckendem Maße. Und wir im Westen haben einen *ganz* schweren Stand! Falls wir es wirklich schaffen, von dem knappen einen Prozent der letzten Bundestagswahl auf zwei Prozent bei der nächsten Bundestagswahl zu kommen, wäre das eine gewaltige Leistung, und West und Ost zusammengenommen, werden wir so unter Umständen *vielleicht* über fünf Prozent kommen, vielleicht aber auch nicht. Und ob wir noch einmal drei oder vier Direktmandate einfahren können, steht auch in den Sternen, denn dagegen wird ja verschiedenes vorbereitet.
Ich will damit nur sagen: Ich *bin* ja dafür, daß wir uns gegenseitig Hoffnung machen – und wenn ich jetzt noch eine Minute mehr zugebilligt bekäme, würde ich auch versuchen, Ihren Optimismus zu stärken –, aber ich komme nicht umhin, auf folgendes aufmerksam zu machen: Der Hauptfehler der Sozialisten ist, daß sie ihre eigene Sache stets beschönigt haben! Sie haben den anderen die ganze Kraft ih-

rer energischen Kritik zugewandt und ihre eigenen Fehler stets bagatellisiert. Und wenn wir aus dieser Kalamität nicht herausfinden, kann es nichts werden ...
Noch ein Wort zu den Gedanken der Dame oder Genossin, die die Situation vor dem 30. Januar 1933 angesprochen hat: Zweifellos war der Kapitalismus vor der Machtergreifung der Faschisten ein ganz anderer als der von heute. Aber auch in der Gegenwart kann es zu ungeheuerlichen Verwerfungen des Kapitalismus kommen, und dann wird es den Linken erneut ganz gewaltig an den Kragen gehen. All die schönen Träume, denen wir uns hingeben, und all das mit dem Sozialismus als lichte Perspektive für die Menschen – damit mögen Sie sich ja gegenseitig Mut machen, und wenn es Ihnen gefällt, beteilige ich mich sogar daran, aber glauben Sie ja nicht, daß jetzt hier eine Zeit des Zuckerleckens anbricht! Die Entwicklung geht hin zu einer Periode der absoluten Klassenherrschaft, und es kann durchaus sogar *ohne* Nazismus – den brauchen die gar nicht! – zu einer Form des Kapitalismus kommen, die absolut autoritäre, wo nicht diktatorische Züge bekommt. Und *dagegen* muß man empirische Politik machen, alles andere führt zu nichts. Ich würde das gern jetzt ausführen, aber ich fürchte, Frau Gießler würde dann sehr ungehalten werden ...
Nehmen wir Bahro: Natürlich wunderbar! Zu Bahro würde ich *auch* ja sagen! Nur: Schauen wir uns einmal an, was Bahro verändert ... Wir können auf diesem Wege so schnell nichts verändern. Ich bin ja dafür, daß wir solche – ich sage jetzt mal – sozialistischen Kolonien, Selbstkolonien, schaffen, und da gäbe es noch viele andere Dinge, aber ist damit ein Wandel in der Gesellschaft zu erreichen?

Wenn ich von den Frauen gesprochen habe, meine ich natürlich nicht, daß ich damit Gruppen gegen Gruppen ausspielen will, sondern ich halte es einfach für ein Gebot der Stunde, daß die Frauen ihr Selbstbewußtsein, das sie endlich – gerade auch in ihrer DDR-Geschichte, aber ebenso bei uns im Westen – gefunden haben, weiter stärken und sich vereint dagegen wehren, daß sie an den Rand der Gesellschaft gedrängt werden, indem insbesondere Frauen arbeitslos gemacht und zurück an den Herd geschickt werden sollen. Hier geht es nicht um den Kampf einer gegen die andere Gruppe, sondern darum, den Frauen endlich diejenigen Rechte und Lebensformen in vollem Maße zuzubilligen, die ihnen zustehen.

Und zur sozialistischen Ökumene, die sich in Hannover gebildet hat, will ich nur kurz sagen: Mehr solche Gruppierungen! Die Differenzen, die man hat, hintanstellen, um zu versuchen, auf empirischem Wege diesem Unheil zu begegnen, hinter dem *natürlich* Kapital steckt, aber auch vieles andere, was mit Kapital nur bedingt zu tun hat. Das geht *nur* demokratisch-sozialistisch, und das geht *nur* human! Und das funktioniert nur, wenn wir uns so benehmen, daß uns immer mehr Freunde, Genossen zuwachsen. Wenn wir die Menschen abschrecken, werden wir so allein bleiben, wie wir jetzt sind, und aus der Verwirklichung unserer Träume wird gar nichts ...

Chr. G.: *(dankt beiden und beendet die Veranstaltung)*

Die Fortführung des Streits

Gerhard Zwerenz
Die Suche nach dem Dritten Weg

Erste Nachbemerkung:

Der notwendige Bruch

Das seit 1998 in deutscher Fassung vorliegende und durchaus nachfragwürdige "Schwarzbuch des Kommunismus" ist eine polit-ideologische Hilfe für Rechte, was die Linke sehen muß, ohne sich dazu verleiten zu lassen, den Wahrheitskern des Buches zu leugnen. Er besteht darin, daß der revolutionäre Marxismus auf dem Weg über den internationalistischen Lenin beim liquidatorischen Stalinismus anlangte. Der Bruch mit dieser Traditionslinie ist unumgänglich. Wenn, wie Pierre Bourdieu sagt, die Zukunft Europas von den Deutschen abhängt, wird die Neuformation einer sozialistischen deutschen Linken unumgänglich, denn ohne sie wäre Deutschland und damit in Zukunft ein Stück Europas nicht pluralistisch.

Die Neuformation der deutschen Linken ist Europäisierung und insofern Entdeutschung, Abschied also von Nationalismus, Rassismus und antieuropäischen

Traditionen, wozu das Eingeständnis gehört, daß Deutschland im 20. Jahrhundert gerade in dieser Hinsicht mehrfach versagte.

Das Verlangen nach dem Bruch der Linken mit dem sowjetischen Sozialismusmodell bleibt ungerecht und unvollständig ohne den Bruch mit jener sozialdemokratischen Tradition, die zum Machtantritt der Nationalsozialisten beitrug.

Was immer gegen Lenin eingewendet werden kann und von Rosa Luxemburg eingewendet wurde – unbezweifelbar ist Lenins Internationalismus, demzufolge die Bolschewiki auf die Revolution in Deutschland setzten. Nicht daß sie ausblieb, ist entscheidend, sondern wie die Sozialdemokratie sie im Bündnis mit den Generälen und Nationalisten niederschießen ließ. Für die Sowjets blieb nur der Weg zum "Sozialismus in einem Land", was Stalin zugleich zum Nachfolger Lenins wie zum Liquidator des revolutionären Marxismus – inklusive des Leninismus – werden ließ. Diese weltpolitisch entscheidende Zäsur entwertete die sozialistische Revolution, die zum Sozialfeudalismus verkam, die Sowjetunion jedoch zugleich so weit stabilisierte, daß sie ab 1941 Hitlers Wehrmacht widerstand und sie 1945 besiegte.

Die kritische Aufarbeitung der SED-Vergangenheit mit der Stigmatisierung von Marxisten, Sozialisten und Kommunisten zu verbinden wird von uns abgelehnt, denn das benutzen die Rechten als politisches Kampfmittel zur Lähmung der Linken.

Zum notwendigen Bruch mit der SED-Vergangenheit gehört die gewiß schmerzende Einsicht, wonach die Marxsche Revolutionslehre, einschließlich der Theorie vom Proletariat als dem revolutionären Subjekt, von der Geschichte widerlegt worden ist. Wer jetzt noch den traditionellen Revolutionsbegriff des 18. und 19.

Jahrhunderts beibehält, gleicht den Generälen, die sich auf den nächsten Krieg nach dem Muster der vergangenen Kriege vorbereiteten. Die Sowjets waren gegen äußere Angriffe und innere Subversionen gerüstet, den inneren Zerfall aber haben sie nicht einmal wahrgenommen. Die DDR konnte Militär, Polizei, Geheimpolizei, bewaffnete Betriebskampfgruppen aufbieten, ganz wie es die Lehrbücher vorsahen – was dann jedoch scheinbar urplötzlich geschah, überraschte alle. Die Staatsmacht war auf bekannte konterrevolutionäre Modelle vorbereitet, nicht auf das reale Geschehen. Die Führung war von gestern, nicht von morgen.

Wie die Kriege des ausgehenden 20. Jahrhunderts keine "klassischen" Kriege mehr sind, so sind Revolutionen nicht mehr die von Marx analysierten. Was sich in Straßen und auf Barrikaden abspielt, ist Bürgerkrieg, Religionsstreit, Palastrevolte, Stellvertretermord, ethnische Vernichtung und Vertreibung – nicht aber Revolution. Wer dies nicht sieht, sondern auf die "klassische" Variante setzt, gleichgültig, ob als Revolutionär oder als Konterrevolutionär, der gleicht jenen polnischen Militärs, die 1939 die Panzer der Wehrmacht mit Kavallerie attackieren ließen.

Der Umstand, daß die bolschewistische und kommunistische Weltbewegung mit dem inneren Zusammenbruch der sie vertretenden Staaten endete, beschloß zugleich den Versuch, den revolutionären Marxismus auf der Linie von Marx und Engels über Lenin und Stalin weiterzuentwickeln. Die Diktatur des Proletariats erledigte sich mit dem Verschwinden des Proletariats, das sich weigerte, das gewünschte revolutionäre Subjekt zu spielen. Was bleibt, ist der Konflikt zwischen Kapital und Arbeit, bei dem die als

Moderne bewertete Globalisierung das Kapital gegen die Arbeit stärkt.
Da wir wissen, im Zweifelsfall wird das Kapital, vor die Frage von Krieg oder Revolution gestellt, den Krieg wählen, kann diese Alternative für uns nicht gelten. Also muß das Kapital auf anderen Wegen gebändigt, zivilisiert und sozial verwertet werden. Bei allen Unzulänglichkeiten nennen wir das den Dritten Weg, wohlwissend, dieser Weg bedarf der tagtäglichen Überprüfung. Er ist nur im Pluralismus gangbar, mit Kompromissen also. Das bedeutet nicht weniger, als das Diktatorische im Marxismus zu überwinden.

Zweite Nachbemerkung:

Von Marx zum Überzaren

Am 9. Thermidor 1794 wurde Robespierre entmachtet und anschließend enthauptet. Marx spricht von der "Thermidorisierung" der Revolution. Gemeint ist das Ende des Klassenbündnisses in der Revolution. Wer sie weitertreiben will, wird von denen daran gehindert, die die Revolution aus ihren Interessen heraus anhalten und beenden wollen.
Die Lehre von der Diktatur des Proletariats ist von Marx (und Engels) und in der Folge von Lenin als jene Übergangszeit konzipiert worden, die den Sieg der konsequentesten Revolutionäre sichern, die Thermidorisierung also verhindern soll.
Tatsächlich gelang Lenin (und Trotzki) mit der Oktoberrevolution ein voller Sieg. Die in der Revolution verhinderte Thermidorisierung setzte sich im nachhinein mit Stalin durch, dessen sich herausbildende persönliche Diktatur die Marxschen und Leninschen Begriffe sowohl dogmatisierte wie aushöhlte.

Die Übergangszeit der Diktatur des Proletariats sollte nun ewig dauern, weil der Klassenkampf sich vorgeblich ständig verschärfte. Die Diktatur des Proletariats war, mit Trotzki gesprochen, eine *über* das Proletariat, dazu noch über die Partei, in der die Zentralmonade absolut zu herrschen beanspruchte, womit sie den ursprünglich emanzipatorischen Charakter des Marxismus liquidierte. Der Marxismus hatte mit Lenins Hilfe in Stalin einen russisch-asiatischen Überzaren entbunden.
Allerdings müßte noch genauer untersucht werden, ob die Thermidorisierung nicht bereits mit der Niederschlagung des Kronstädter Aufstands begonnen hatte, wofür Lenin und Trotzki gemeinsam die Verantwortung tragen. Die Kronstädter Matrosen und Arbeiter, bis dahin die Elite der Revolution, standen für deren Demokratisierung und wurden dafür niedergeworfen.

Dritte Nachbemerkung:

Unsere Wünsche

Der emanzipatorische Marxismus zielt auf die klassenlose Gesellschaft. Das Scheitern der Weltrevolution nach dem ersten Weltkrieg und der Abbruch des Versuchs von Moskau bis Ostberlin 1989 und anschließend läßt linke Wünsche zurück. Frustriert fragen wir uns: Was nun? Und wenn zurück: Wohin zurück? Zu Lenin? Zu Rosa Luxemburg? Zu Bebel, Kautsky, Marx, Engels?
Spartakus endete am Kreuz. Thomas Müntzer wurde zu Tode gefoltert. Die Bauernkriege endeten im bürgerlichen Elend. 1848 siegten die deutschen Fürsten. Die halbe Revolution von 1918 führte zu 1933.

Mißratene Revolutionen sind nicht wiederholbar mit besserem Ausgang. Wie verlorenen Revolutionen zu begegnen ist, ohne sie und sich zu verleugnen, lehrt Georg Büchner. Der "Hessische Landbote" fordert die Auflehnung, "Woyzeck" das kreatürliche Gefühl, "Leonce und Lena" den Spott und die Ironie über die deutschen Zustände, "Dantons Tod" endlich endet mit Tragik und Trauer der revolutionären Vergeblichkeit halber.

Das ist Realismus mit revolutionärem Charakter und verweist zurück auf Marx und Engels als die beiden revolutionären Archetypen der Moderne. Lenins Frage "Was tun?" wird beantwortet mit der Haltung der beiden Archetypen, die als individuelle Rebellen begannen.

Die Frage lautet: Was kann *ich* tun?

1. Ich lasse mich (meinen Kopf) nicht von den Belagerern besetzen.

2. Ich widerstehe einer Welt, die immer deutlicher angsttraumhafte Züge annimmt.

3. Meine Gegenwehr ist individuell rebellisch, also konkret und situationistisch.

Nebenbei bemerkt, lehrt Büchner mit "Dantons Tod" noch etwas anderes, indem er Danton, nicht Robespierre zu seinem tragischen Helden machte.

Wer einseitig die Thermidorisierung der Revolution beklagt, bewertet allein den Klassencharakter und bagatellisiert die diktatorische Brutalität Robespierres, der Danton auf die Guillotine schickte. Dabei handelte Robespierre aus streng marxistischer Sicht richtig, denn um die Revolution weiterzutreiben, mußte er den Freund und Mitrevolutionär opfern. Nur richtet sich die Methode bald gegen den siegreichen Täter selbst.

Nun wird er geköpft. Denn die Interessen der anderen Mitstreiter gebieten ihnen, Robespierre so aus dem Weg zu räumen, wie dieser Danton wegräumte. Dies zu verhindern, hätte Robespierre noch diktatorischer, brutaler, mörderischer vorgehen und seine Verbündeten insgesamt töten lassen müssen, was zwangsläufig zu seiner Alleinherrschaft im Konvent, also zu dessen völliger Aushöhlung, hätte führen müssen.

Das war in der geschichtlich-politischen Situation nicht möglich. Es sei denn, so der Einwand der Marxisten, Robespierre wäre mit dem vierten Stand zur völligen Klassendiktatur gelangt.

In der russischen Oktoberrevolution 1917 gelang Lenin und Trotzki anfänglich ein Klassenbündnis, wobei Proletariat und Bauerntum angesprochen waren, die Kaste der Berufsrevolutionäre aber, als Partei organisiert, tatsächlich siegte. Die Thermidorisierung erfolgte nun mit Stalin hernach.

Wer das so sieht und daraus schlußfolgert, die Linke müsse infolgedessen zu Lenin zurück, der übersieht:

1. In der Marx-Leninschen Revolutionslehre sind grundsätzliche Fehler enthalten, die zur Niederlage führen müssen.

2. Die veränderten historisch-politischen Bedingungen entwerten die revolutionären Theorien ein weiteres Mal.

3. Der Ausweg, das sowjetische Modell als Frühsozialismus zu bezeichnen, resultiert u.a. aus dem Brauch, die geschlagenen Akteure früherer Revolutionen als zu früh gekommene Revolutionäre zu bezeichnen.

4. Der Untergang des sowjetischen Modells verweist die sozialistische Revolution samt ihrem Ve-

hikel Diktatur des Proletariats ins Geschichtsmuseum der Arbeiterbewegung, Abteilung tragischer Irrtum.

Von Rosa Luxemburgs Alternative Sozialismus oder Barbarei ist der erste Pol gelöscht. Ob und was sich an diese Leerstelle setzen läßt, ist ungewiß. Der Marxismus selbst war im Zuge seiner geschichtlichen Antidemokratisierung zur Barbarei mit neuem Gesicht eskaliert. Wo er sich in dieser Form auch erneut installieren würde, könnte er nur auf den Widerstand stoßen, den Befreiungsbewegungen leisten. Überdies schwächt der Kommunist mit seinem dogmatisch und grob strukturierten Antikapitalismus den wirklichen und tatsächlich notwendigen Antikapitalismus. Das Kapital eben, auf seinem siegreichen Lauf um die Welt, erscheint in zugleich subtileren und gewalttätigeren Formen, als es im Lehrbuch steht, zwingt es doch die gesamte Menschheit zum Tanz ums Goldene Kalb. – Das Kapital braucht klügere Gegner.

Vierte Nachbemerkung:

Unseren Tod als Scheintod widerrufen

Nachdem das Projekt der Postmoderne gescheitert ist und EUROland so nackt dasteht wie das Kapitalinteresse hinter ihm, ist unsere Zeit gekommen. Nehmen wir Marx, Nietzsche, Bloch als drei fragmentarische Klassiker, die einander ergänzen und von uns zu ergänzen sind. Vergessen wir unsere neumodische Ängstlichkeit. Wenn wir geschlagen und verzweifelt sind – gibt es bei Bloch nicht die Ästhetik des revolutionären Trotzes? Die Positionen des dritten Denkens, die ironische Macht der Liebe, der Erotik, der jugendlich-obszönen Geste: Ihr könnt uns mal? Von der Lebensphilosophie zur Überlebensphilosophie vordringend, geschieht die Erfindung des Menschen im Alltag, auch im eigenen. Kopfüber läßt sich ins Wasser springen, kopfunter schwimmen Tote. Widerrufen wir unseren Tod als Scheintod, zeigen wir das Gesicht. Denken wir das bisher Undenkbare und Unsagbare und versuchen wir es einzuschmuggeln in die herrschende Staatssklavensprache samt Medienzauber. Zu erlernen ist die Kunst des Freischwebens, ohne den Boden unter den Füßen zu verlieren, die Erfindung des unendlichen Raums zwischen Wissenschaft, Dichtung und eigenem, nicht fremdbestimmten Leben.

Wenn Nietzsche den Menschen zum Übermenschen machen wollte, per Rückmarsch in die vorgeschichtliche Barbarei der blonden Bestien, verweigern wir alle Märsche zurück und vor, sei das nun in den Stiefeln von Wehrmacht, Volksarmee oder Bundeswehr. Der sich selbst suchende und findende Mensch benötigt nichts weniger als Uniformen, und wenn er sich auch an den eigenen Haaren aus dem Sumpf mißratener Prä-, Post- oder Submodernen und ihrer kommandierenden Minister ziehen müßte. Immerhin zählen wir keineswegs zu jener politischen Klasse, die stolz von sich verkündet: Ich denke *nicht*, also bin ich. Dies ist die Devise jener reichen Oberklasse, die mitten im Kapitalismus schon im Kommunismus lebt, ganz nach ihren Bedürfnissen, wenn auch ohne die Fähigkeit, das Recht und die Freiheiten anderer zu wahren.

Die deutsche Einheit ist, weil bloß parteitaktisch strukturiert, vorerst mißlungen, die Konservativen geraten per Rechtsdrall in Widerspruch zu den freiheitlichen

Traditionen Westeuropas. Im 13. Deutschen Bundestag wurde die Wehrmacht verteidigt, ihren Generälen und Ritterkreuzlern gedankt und die Linke wie zu Zeiten der Bismarckschen Sozialistengesetze verteufelt. Das werdende Europa benötigt hingegen ein austariertes Deutschland, wozu jene Ostdeutschen beitragen können, die unter Revolution weder die Rolle rückwärts noch den Salto mortale verstehen. Mit guten Gründen.
Die Zeitung "Das Parlament" (24.-31. Oktober 1997) behandelt in einem luziden Artikel über Gustav Gründgens dessen Aufführung von Sartres Drama "Die Fliegen". Sartre habe 1943 bei der Uraufführung in Paris "die Franzosen aus der Lethargie der Schuldgefühle über die Niederlage von 1940 herausreißen" wollen. Anläßlich der deutschen Aufführungen 1947 und 1948 habe Sartre die Kernaussage noch erweitert: "Jetzt zog er selbst aus den 'Fliegen' die Lehre, Verantwortung in der Gegenwart und für die Zukunft zu übernehmen, statt sich wegen der Vergangenheit Tag und Nacht so lange zu quälen, bis vielleicht sogar ein Genuß am Reue-Gefühl eintreten würde." Das ist ein Stück Nietzsche in Sartre. Beide zusammen lehren die Geschlagenen, den Kopf zu heben.

Fünfte Nachbemerkung:

Die Zweifrontenstrategie

Zum gegenwärtigen Gesellschaftszustand gibt es keine Alternative. Denkbar und realisierbar sind lediglich Varianten. Wer also politisch wirken will, hat die enge Wahl zwischen dem bestehenden aggressiven Kapitalstatus inklusive seiner Tendenz zur Verschlimmerung, genannt Globalisierung, einerseits und einer Handvoll Variationsmöglichkeiten, die mangels revolutionärer Chancen das Einverständnis territorialer Kapitalgruppen einbeschließen, andererseits. Eine rot-grüne Koalition sucht sich, um Wahlen zu gewinnen, optimal an die vorhandene Regierungspolitik anzugleichen. Nicht eine andere Politik ist ihre Devise, sondern eine besser gemachte.

Die Weltgesellschaft kennt in der praktischen Politik fünf Kulturräume: Christentum, Islam, Buddhismus, Marxismus, Kapitalismus-Fordismus. Davon rückten Christentum und Buddhismus ins machtpolitische Abseits, und der Marxismus schied infolge seines verfehlten Experiments von 1917 bis 1989/90 aus. Zwar bleibt er als Versuch, das Christentum zu modernisieren, gültig, doch entschwand ihm das revolutionäre Subjekt, die Arbeiterklasse, die Marx beauftragt sah, der Klassengesellschaft den Garaus zu machen und den klassenlosen Himmel auf Erden zu errichten.

Der Weg dorthin erwies sich als Holzweg, doch der schöne Wunsch des revolutionären Gedankens begleitet die Menschheit weiter wie die hübsch anheimelnde Idee der Auferstehung. So schied der Marxismus nach dem Christentum aus der aggressiven Phalanx fundamentalistischer Herrschaftsstrukturen aus. Die islamischen und amerikanischen Fundamentalismen stehen sich allein gegenüber, wenn auch in diversen Bündnissen.

Die Weimarer Republik wurde eine Demokratie ohne Demokraten genannt. Ähnlich verunglückte der östliche Sozialismus zu einem ohne Sozialisten.

Sozialismus ist nur mit und von Sozialisten machbar oder gar nicht. Weder Staat noch Diktatur können hinführen. Was bleibt, ist der aufrechte Gang, die individuelle Revolte, die relative Harmonie der Individuen durch den ständigen Versuch einer sozialistischen Ökumene. Sie zu erreichen ist so lange nicht

möglich, wie die jeweiligen linken Gruppen einander als Feinde betrachten und Toleranz, Liberalität und Freundschaft als bürgerliche Ideologie mißverstehen.
Die abhanden gekommene Alternative zur globalen Kapitalgesellschaft ist durch bloße Rückwendung in die Geschichte nicht wiederbelebbar. Die Aufgabe, den amerikanischen und islamischen Fundamentalismus zu humanisieren, würde durch die Revitalisierung eines sozialistischen Fundamentalismus nur noch mehr erschwert.
So bleibt nur die Zweifrontenstrategie. Individuelle Genossen, die sich Krieg, Unterdrückung und Ausbeutung verweigern, gehen in die vordersten politischen Stellungen, nicht um an den Stellungskriegen teilzunehmen, sondern um sie zu sabotieren und ein persönliches Beispiel von Alternativleben zu geben. An den gewohnheitsmäßigen Schweinereien der Kapitalgesellschaft nicht teilzunehmen setzt eine Lust an der waffenlosen Kontroverse voraus. Es ist die ironische Lebensform, die Spaß macht, ohne sich in Späßen zu verlieren, die Alternative des langen Atems, die Möglichkeit, anders zu sein als die idiotischen reichen Sieger des langweiligen Alltags, in dem nur die Zahlen regieren.
Die marxistische Revolutionstheorie scheiterte nicht nur an der Unwilligkeit des Proletariats, sondern auch deshalb, weil die Revolutionäre am Tag nach dem Sieg nicht wissen, was zu tun ist. Im Konflikt um den weiteren Gang entsteht, um das Chaos zu verhindern, die autoritäre, sodann diktatorische Führung. Das mußte vor dem sowjetischen Experiment nicht gewußt werden. Danach ist es sonnenklar. Der moderne Linke zieht daraus den Schluß der aktiven Beteiligung an den jeweils gegenwärtigen Auseinan-

dersetzungen. Sein revolutionäres Ziel ist wie das der Christen Glaubenssache, sein Alltag pragmatisch, seine Zuversicht unbesiegbar. Wenn er schon die verdammte Welt nicht aus dem Feuer reißen kann, so weigert er sich doch, an der Verbrennung teilzuhaben.

Sechste Nachbemerkung:

Kapital und Freiheit

Die Selbsteinschätzung des Marxismus als Wissenschaft entsprach dem Optimismus des Jahrhunderts der Aufklärung. Mit dem Ende des Staatssozialismus offenbarte sich der wissenschaftliche Anspruch der Sozialisten als unhaltbar. Es geht eher um Glaubensfragen mit Grundübereinstimmungen: Antifaschismus, Antimilitarismus, Antistalinismus. Alle drei Antis begründen mehr Positives als alle Religionen zusammengenommen. Sozialisten bewähren sich mithin als individuelle Rebellen, die mit Großmut und Gelassenheit reagieren, wenn Fanatiker und Fundamentalisten von Toleranz und Liberalität nichts wissen wollen. Im übrigen wissen sie, daß die Höherentwicklung der Vernichtungsmittel aus der Niederentwicklung der Menschen folgt. Das Kapital überschätzen sie nicht, denn Kriege und Massenmorde geschehen auch ohne Kapital. Zugleich unterschätzen sie das Kapital nicht, denn es tendiert in Verwertungsabsicht ständig zur Unterwerfung der Schwächeren. Dieser Clinch zwischen Kapital und Arbeit oder auch zwischen Kapital und Freiheit bestimmt das 21. Jahrhundert, und falls das Kapital und seine Gegner dafür keine neuen Austragungsformen erfinden, findet im 21. die Wiederholung des 20. Jahrhunderts statt.

Sahra Wagenknecht
Marx bewahre!

Jeder begeht den "Jahrestag der Maueröffnung" auf seine Weise. Die "Frankfurter Allgemeine Zeitung" tat es 1998 mit einem Artikel über die Entwicklung der Weltbörsen seit der Zeit, als das "Reich des Bösen" in die Knie gezwungen wurde. Für die kapitalistischen Zentren New York und Frankfurt gab es ausnahmslos Positives zu berichten: "Trotz einiger Rückschläge haben die Börsen von diesem neuen politischen Kapitel der Annäherung gewaltig profitiert. Der deutsche Aktienindex (DAX) ist in den neun Jahren seit dem Berliner Mauerfall um fast 200 % gestiegen. ... Noch eindrucksvoller war der Anstieg beim Dow-Jones-Index, der im gleichen neunjährigen Zeitraum sogar 230 Prozent zulegte."[1]
Solch rosige Zahlen sind keineswegs bloße Luftbuchungen. Ähnlich den Aktienkursen, wenn auch nicht in gleichen Raten, explodierten die Unternehmensgewinne, allen voran die der großen multinationalen Wirtschaftskonzerne und Finanzgiganten. Mit der Gegenrevolution rollte der Rubel – genauer: der Dollar. Ein Reservoire billiger Rohstoffe und riesige Märkte für westliche Exportgüter öffneten sich. Wen kümmerte, daß die lokale Industrie und Landwirtschaft dem plötzlichen Konkurrenzdruck oft nicht standhielt und leise verstarb. Nicht nur die Ex-DDR wurde durch unvermittelte Währungsumstellung und Treuhand-Machenschaften in ein vorindustrielles Land rückverwandelt. Auch die russische Produktion

---

[1] FAZ 9.11.98

schrumpfte in acht Jahren "freier Marktwirtschaft" auf weniger als die Hälfte ihres einstigen Volumens. Zunehmende Importabhängigkeit führte zu wachsendem Devisenbedarf – ein glänzendes Geschäft für westliche Geldhäuser: Großkredite an Rußland und andere osteuropäische Staaten absorbierten überschüssige Liquidität und brachten Milliarden an Zinsen und Zinseszinsen. Wen interessierte, daß diese nur durch ständig weiter steigende Kreditaufnahme aufgebracht werden konnten. Aus den ruinierten östlichen Wirtschaften quoll ein Heer von Arbeitslosen: Billiglöhne bei gleichzeitig hoher Qualifikation der Beschäftigten versprachen Superrenditen und initiierten Produktionsverlagerungen. Vor allem aber wurden die Lohndifferenzen genutzt, um den Gewerkschaften in den westlichen Stammländern die Zähne zu ziehen. "Mit dem Niedergang des Kommunismus ... [wurde] das bis dahin bestehende Machtmonopol westlicher Gewerkschaften ... gebrochen"[2], vermerkt die FAZ im genannten Artikel als eine Ursache des Kursfeuerwerks. Eine beispiellose Konzentration von Einkommen und Vermögen setzte ein. In der Altbundesrepublik etwa hat sich der Geldbesitz der reichen Oberschicht seit 1990 annähernd verdreifacht, während 50 % der Haushalte fast gar keinen Anteil am volkswirtschaftlichen Vermögen mehr haben.

Inzwischen ist die russische Finanzpyramide implodiert, das ausländische Kapital hat, so gut es konnte, das Weite gesucht. Neues Geld läßt sich nur noch zu horrenden Zinsen ins Land locken. Während eine auf weniger als 40 % des Sowjet-

---

[2] Ebd.

Niveaus geschrumpfte Landwirtschaft Rußland nicht mehr ernähren kann, sind Nahrungsmittelimporte kaum mehr finanzierbar. Der russischen Bevölkerung, deren durchschnittliche Lebenserwartung schon 1997 auf 59 Jahre gesunken war, droht ein Hungerwinter. Dessen ungeachtet stehen fürs nächste Jahr Zinsen und Tilgungen an das Ausland in Höhe von 17,5 Mrd. Dollar an. Ein Einlenken der westlichen Banken, das über profitable Umschuldungen hinausginge, ist nicht in Sicht.
Das russische Elend als Spätfolge von 70 Jahren "kommunistischer Herrschaft" anzusehen ist ein gängiges Klischee. Dennoch: Kaum eine Lüge ist dreister. In Wahrheit teilt Rußland ein Schicksal, das vor ihm bereits die vom "Kommunismus" gänzlich unbehelligten Länder Lateinamerikas und Südostasiens durchlitten haben. Der Crash der Tigerstaaten im Sommer und Herbst letzten Jahres ist noch frisch in Erinnerung. Auch dort gingen keineswegs nur Aktienindizes und Devisenkurse zu Bruch; es wurden Lebensperspektiven und soziale Existenzen vernichtet. Millionenfach. Nach Schätzung der Weltbank hat sich der Anteil der Bettelarmen an der Bevölkerung – derer, die mit weniger als 1 Dollar am Tag auskommen müssen – in Indonesien um 50 % erhöht, in Malaysia, Südkorea und Thailand um ein Drittel. Schon bald werden zwanzig Millionen Menschen in der Region ohne Beschäftigung sein, ohne Einkommen, ohne Krankheitsschutz, bei einer Inflation nahe 100 % im Jahr. Millionen Kinder in Indonesien laufen Gefahr, von der Schule genommen zu werden, weil ihre Eltern das Geld für Bücher und Schuluniformen nicht mehr aufbringen können. In Thailand sollen bereits

dreihunderttausend Kinder aus dem Schulsystem "verschwunden" sein und verbotene Arbeit auf Reisfeldern oder in Fabriken verrichten[3].
"Wir haben nur die Möglichkeit, innerhalb des Kapitalismus diesen Lauf aufzuhalten. Das ist die grundsätzliche Differenz zwischen Sahra Wagenknecht und mir", hatte Gerhard Zwerenz in unserer Diskussion gesagt. Ja, das ist die Differenz. Nicht die Frage, was hier und heute möglich ist. Es geht um das Morgen und Übermorgen, es geht um Ziele, Perspektiven. "Zum gegenwärtigen Gesellschaftszustand gibt es keine Alternative", meint Gerhard Zwerenz. Warum? Weil, so schreibt er, der revolutionäre Marxismus im "liquidatorischen Stalinismus" geendet und damit ein für allemal seine Legitimität verspielt habe. Gleich zu Beginn seiner Nachbemerkung verweist Gerhard Zwerenz auf das berüchtigte "Schwarzbuch des Kommunismus" und dessen "Wahrheitskern". Wahr ist leider wirklich, daß in der sozialistischen Geschichte, speziell in dem mit Stalins Namen verbundenen Kapitel, Dinge geschehen sind, die unser Anliegen schwer diskreditiert haben, die unentschuldbar sind und sich nie wiederholen dürfen. Aber sollen wir Enkel auf die Zukunft verzichten, weil unsere Urgroßväter fehlten? Sollen wir uns in einer barbarischen Welt einrichten, weil der erste Versuch, sie zu überwinden, selbst nicht frei von barbarischen Zügen blieb? Wie erst sähe ein "Schwarzbuch des Kapitalismus" aus, das mit ähnlicher Akribie dessen Verbrechen auflistete! Es müßte weit weniger als jenes Machwerk lügen, um seine 900 Seiten zu füllen. Sicher, nichts ist zynischer, als Tote gegeneinander aufzurechnen.

[3] siehe FAZ 24.6.98

Aber nicht minder zynisch ist es, einer Gesellschaft, die Tag für Tag 40 000 Kinder kläglich zugrunde gehen läßt, deren Geschichte mit zwei Weltkriegen und beispiellosem Völkermord grausam und bluttriefend aus den Jahrhunderten menschlicher Zivilisation hervorsticht, die heute wie gestern namenloses Elend neben protzig-dekadentem Luxus und zugleich Nationalismus, Faschismus und Krieg produziert, – nicht minder zynisch ist es, einer solchen Gesellschaft Absolution zu erteilen, nur weil ihrem ersten Gegenentwurf der Erfolg versagt geblieben ist!

Und selbst letztere Aussage bedarf der Relativierung. Denn der erste Sozialismus endete, anders als das "Schwarzbuch" es glauben machen will, eben nicht mit Stalin. Die realsozialistische Geschichte war keine Abfolge von Verbrechen, auch wenn Antikommunisten aller Couleur sie als solche darzustellen belieben. Niemand hat Anlaß, die DDR oder die Sowjetunion der Nach-Stalin-Ära zu idealisieren. Es gab eine Überzentralisierung von Entscheidungen, schwere Mängel im politischen System, im Umgang mit abweichenden Meinungen. Ähnliche Übel kennen wir aus kapitalistischen Ländern, sie waren nichts Neues. Das Besondere der östlichen Gesellschaften lag auf anderem Gebiet: Es lag in ihren gemeinwirtschaftlichen Ökonomien, die es erstmals erlaubten, daß über Forschung, Investition und Arbeitsplätze gesellschaftliche Bedürfnisse anstelle privater Profitinteressen entschieden. Die Bilanz dieser Neuerung fällt keineswegs so negativ aus, wie es auf den ersten Blick scheinen mag. Natürlich, jeder erinnert sich sofort an Ineffizienzen, an die Stagnation der Endjahre, die aus erstarrten Strukturen und einem zentralistischen Planungsverständnis herrührte.

Eine sozialistische Ökonomie der Zukunft wird anders, intelligenter und flexibler, zu organisieren sein. Dennoch bleibt es eine Tatsache, daß die gemeinwirtschaftlichen Ökonomien des Ostens einen Grad an sozialer Sicherheit, weiblicher Emanzipation, kindlicher Geborgenheit und individueller Chancengleichheit gewährleistet haben, mit dem sich kein kapitalistisches Land messen kann. Verwahrloste, bettelnde Straßenkinder waren auf Moskaus Straßen bis 1990 nicht zu sehen, ebensowenig wie in Kuba noch heute. Der Lebensstandard eines Rentners in der Sowjetunion war nicht hoch, aber niemand mußte seinen Lebensabend mit Tee und Brot fristen wie sehr viele russische Rentner in der Gegenwart. Der reine Hausfrauen-Stand – ein Leben zwischen Kochtopf, Putzlappen und Frauenillustrierter – war in der DDR nahezu ausgestorben. Ich will die Aufzählung nicht fortsetzen. Das bereits Gesagte belegt hinreichend, daß die Vergangenheit – trotz all ihrer Mängel und Fehlentwicklungen – mitnichten als Argument taugt, die Möglichkeit einer sozialistischen Zukunft zu verneinen.

Entscheidend – wichtiger als vergangene Erfolge oder vergangene Fehler – ist für heutige Ziele und heutiges Handeln ohnehin die heutige gesellschaftliche Realität. Als solche tritt uns ein restaurierter Weltkapitalismus entgegen, der durch den Untergang seines Gegenparts keineswegs humaner, sondern erheblich brutaler geworden ist. Wer – wie Gerhard Zwerenz – den Marxismus neben Christentum und Buddhismus in die Rumpelkammer überholter Ideologien verbannen möchte, sollte Argumente dafür seriöserweise nicht in der Vergangenheit, sondern in der Gegenwart suchen. Ein gescheiterter Sozialismusversuch widerlegt Marxens

Theorie ebensowenig wie seinerzeit Otto Lilienthals Absturz die prinzipielle Möglichkeit des Menschen, die Schwerkraft zu überwinden und zu fliegen. Um die Marxsche Theorie ad absurdum zu führen, bedarf es schon schwereren Geschützes: Es müßte nachgewiesen werden, daß die von Marx analysierten Gesetze und Zusammenhänge für die kapitalistischen Gesellschaften der Gegenwart keine Gültigkeit mehr haben. Das dürfte schwerfallen.

Zwar ist es eine platte Wahrheit, daß der Kapitalismus des ausgehenden zwanzigsten Jahrhunderts sich in vielem von jener gesellschaftlichen Ordnung unterscheidet, die 150 Jahre zuvor Grundlage der Marxschen Analysen war. Das Zeitalter von Computer und Internet, globalisierter Produktion und sekundenschneller interkontinentaler Finanzübertragungen ist natürlich nicht mehr das der Dampfmaschine und des englischen Industrieproletariats. Das ist eine Binsenweisheit. Die Frage ist, ob Wesen, Entwicklungsrichtung und soziale Konsequenzen der kapitalistischen Ordnung sich dadurch verändert haben, ob die Spielräume für humane, soziale Regelungen heute größer sind als vor einhundertfünfzig Jahren.

Ich sehe eher das Gegenteil. Wie zu Marxens Zeit entscheidet auch heute nicht gesellschaftlicher Bedarf, sondern privates Profitinteresse über Sein oder Nichtsein einer Investition. Der Unterschied ist, daß die Profithaie der Gegenwart dank niedriger Kommunikations- und Transportkosten über eine – im wörtlichen Sinne – fast grenzenlose Bewegungsfreiheit verfügen. Dieser globale Handlungsradius des Kapitals macht Staatspolitik noch erpreßbarer und raubt ihr den letzten Rest an Souveränität. In dem Punkt haben die Globalisierungs-Ideologen leider recht: Die Internationalisierung der Produktion, die Liberalisierung des grenzüberschreitenden Waren- und vor allem des Kapitalverkehrs hat die gesellschaftlichen Kräfteverhältnisse nachhaltig verändert: zum Vorteil der größten, mächtigsten Industriekonzerne und Finanzkonglomerate und zuungunsten sowohl der Arbeitenden als auch des lokalen Mittelstands. Unter kapitalistischen Bedingungen bedeutet die vielbeschworene "Globalisierung" nichts anderes als die Macht einer kleinen Clique, kraft Verfügung über riesige Kapitalbeträge das gesellschaftliche Leben auf unserem Planeten immer unumschränkter nach ihren Renditewünschen zu diktieren. Wenige Dutzend multinationaler Wirtschaftsgiganten entscheiden heute über die Entwicklung von Weltproduktion und Welthandel, über das Auf und Ab der Währungen, über Gedeih und Verderb ganzer Volkswirtschaften. Private Banken, Versicherungen und Investmentfonds bewegen ungleich größere Summen, als sie eine gewählte Regierung je in die Hände bekommt. Hinter jeder politischen Entscheidung lauert wie eine dunkle Drohung das Echo der Weltfinanzmärkte – der Richtspruch von etwa 150 weltweit dominanten Großanlegern schlägt sich unverzüglich im Bonus oder Malus von Aktien-, Bond- und Wechselkursen nieder. Eine Südostasien- oder Rußlandkrise kann und wird sich an jedem Ort der Welt wiederholen, an dem das transnationale Finanzkapital schwindende Renditen fürchtet. Mißfällig hatte Bundesbankchef Tietmeyer 1996 auf dem Weltwirtschaftsforum in Davos darauf hingewiesen, "daß sich die meisten Politiker noch nicht darüber im klaren sind, wie sehr sie bereits heute unter Kontrolle der Finanzmärkte stehen und sogar von diesen beherrscht werden." Das

Gerede vom Zugewinn an "Demokratie" und "Freiheit" sollten wir also besser der Bildzeitung überlassen. Es ist nicht das Votum der Wähler, es ist das Votum dieser Weltfinanzmärkte und der hinter ihnen stehenden Dirigenten des großen Kapitals, das politische Programme, Strategien und Entscheidungen diktiert.
Ein Lehrbeispiel dafür erleben wir gerade in Deutschland. Mit dem 27. September 1998 wurde die konservative Koalition durch eine Regierung aus SPD und Grünen abgelöst. Hat sich die Politik dadurch auch nur um einen Deut verändert? Werden deutsche Bomber nicht jugoslawische Frauen und Kinder morden, sobald sie nur die Gelegenheit dazu bekommen? Werden deutsche Wohnzimmer seither seltener belauscht? Ist auch nur ein Abschiebeknast geschlossen, ein Asylsuchender weniger abgewiesen worden? Haben die Armen eine Mark mehr, die Reichen eine Mark weniger in der Tasche als vor den Wahlen?
Von den genannten Punkten ist allenfalls der letzte strittig. Einige der ärgsten Sozialrodungen hat die neue Regierung zurückgenommen. Bemerkenswert ist allerdings weniger, daß die SPD ein oder zwei ihrer Wahlversprechen wirklich erfüllen wird. Bemerkenswert ist, wie schnell und mit welcher Selbstverständlichkeit sie sich über den größten und wichtigsten Teil dieser Versprechen hinweggesetzt hat. Kaum ist die Regierung im Amt, steht bereits fest: Die Vermögenssteuer wird nicht wieder eingeführt, die Ausbildungsabgabe nicht erhoben. Die Rentenkürzung ist lediglich ausgesetzt. Die 620-DM-Jobs bleiben für die Unternehmen so billig und für die Beschäftigten so ungesichert, wie sie waren. Auch die sogenannte "sozial-ökologische Steuerreform" er-

weist sich bei näherem Hinsehen als bloße Fortsetzung der Waigelschen Umverteilungspolitik mit etwas modifizierten Mitteln. Immerhin liegt es voll im neoliberalen Trend, direkte, einkommensabhängige Steuern durch indirekte zu ersetzen, durch Steuern also, die soziale Gegensätze schon deshalb verschärfen, weil sie unterschiedslos Sozialhilfeempfänger wie Spitzenverdiener zur Kasse bitten. Zudem werden die direkten Steuern keineswegs gleichmäßig gesenkt: Kleinen Entlastungen geringer Einkommen, die weit unter dem Versprochenen bleiben, stehen deutliche Senkungen bei den Großverdienern gegenüber. Der Spitzensteuersatz soll nach jetziger Planung von 53 auf 48,5 % ermäßigt werden. Jeder einzelne Prozentpunkt davon kostet den Staat ca. 2 Mrd. Mark. Knapp 10 Milliarden sind es also, die auf diesem Wege den Reichsten zusätzlich ins Portefeuille gestopft werden. Auch die Unternehmen gehen nicht leer aus: Der Steuersatz für gewerbliche Einkommen soll auf maximal 35 % sinken, die Körperschaftssteuer auf einbehaltene Gewinne schrumpft um volle 10 %, eine Entlastung, von der in erster Linie die großen überliquiden Aktiengesellschaften profitieren. Zwar sollen im Gegenzug einige beliebte Steuerfluchtwege verbaut werden. Aber erstens dürften die sinkenden Sätze das weitgehend kompensieren, zweitens bleibt abzuwarten, inwieweit diese "Giftliste" (FAZ) tatsächlich umgesetzt wird.

Auch von der geplanten Senkung der "Lohnnebenkosten" werden in erster Linie die Kapitaleigner profitieren. Vielleicht sogar ausschließlich. Der zum engeren Schröder-Kreis gehörige IG-Chemie-Chef Schmoldt jedenfalls hat inzwischen seine Absicht kundgetan, die Beitragssenkungen durch niedrigere

Tarifforderungen voll an die Unternehmer weiterzugeben[4]. Vorsorglich schickt auch der neue Finanzminister Mahnungen an die gewerkschaftliche Adresse, in den anstehenden Tarifrunden doch zu "berücksichtigen", daß die "Arbeitnehmer durch die Steuerpolitik der Bundesregierung begünstigt würden"[5].

Beharrlich basteln Lafontaine und Müller an ihrem Plan, Arbeitslosengeld künftig nur noch nach Bedürftigkeit zu verteilen. Dadurch würde jeder Arbeitslose unmittelbar zum Sozialfall, was das Druckpotential der Unternehmen gegenüber den Beschäftigten vervielfachen würde. Sollte sich das durchsetzen, wäre für die, die ihre Arbeit verlieren, auch das erhöhte Kindergeld wieder futsch. Denn das dürfte dann ebenso verrechnet werden wie gegenwärtig schon bei den Sozialhilfeempfängern, die ohnehin zu den größten Draufzahlern der ganzen Steuerreform gehören. Getreu der alten Maxime: Zuerst bei denen nehmen, die sich am wenigsten wehren können.

Daß Hundt und Henkel bellen, heißt also leider noch lange nicht, daß sie auch getroffen sind. Die "Financial Times" hat diese Rituale zu Recht mit dem Satz kommentiert: "Der Aufschrei, mit dem die Industrie die Steuerpläne der rot-grünen Koalition begrüßte, war vorhersehbar, übertrieben und wurde der Sache nicht gerecht."

Auch in ökologischer Hinsicht ist es mit der "Reform" nicht weit her: Sinnigerweise werden die Energiekosten in erster Linie dort erhöht, wo fast keine Einsparmöglichkeiten bestehen: bei den privaten

---

[4] Wirtschaftswoche 43/98

[5] FAZ 21.11.98

Haushalten. Wer rechnen mußte, hatte auch bei den bisherigen Energiepreisen wenig Grund zur Verschwendung; will er nicht frieren oder im Dunkeln sitzen, wird er künftig nicht weniger verbrauchen als bisher. Auch wird teureres Benzin niemanden dazu bringen, sein Auto stehenzulassen, solange der öffentliche Nah- und Fernverkehr ungleich höhere Preise verlangt. Ausgerechnet jene Bereiche, in denen dank neuer Technologien erhebliche Energiesparpotentiale existieren, besonders die energieintensiven Industrien, werden bei der Steuer nur ermäßigt bzw. gar nicht zur Kasse gebeten. Der ökologische Impuls dieser Steuerreform dürfte also in etwa so hoch liegen, als hätte man Brot und Butter besteuert.

Und Schröder ist kein Einzeltäter. Ob Blair, ob d'Alema, ob Jospin ... – nirgends in Europa finden wir heute noch klassisch sozialdemokratische Politik. Nahezu willenlos lassen sich ehemalige Linksparteien zu Vollstreckern asozialer Sparkurse und undemokratischer Gesetze degradieren. Allerdings wäre es allzu billig, ein international auftretendes Phänomen bloß mit individueller Korruptheit und sozialer Ignoranz sozialdemokratischer Spitzenfunktionäre zu erklären. Auch das mag eine Rolle spielen; die eigentlichen Ursachen liegen tiefer.

Das Modell des keynesianischen Reformkapitalismus, das seit vier Jahrzehnten die sozialdemokratischen Programme und in Folge die westlichen Nachkriegsgesellschaften prägte, hat heute seine Voraussetzungen verloren. Auch die Verfechter dieses Modells waren mit dem Anspruch angetreten, einen "Dritten Weg" zwischen Kapitalismus und Sozialismus zu weisen, genauer: sozialistische Veränderungen durch soziale Zügelung des Kapitalismus überflüssig zu machen. Die Idee ist alt. Eingelöst wurde sie nie, auch diesmal nicht. Zum einen, weil das keynesianische Modell ausnahmslos für die kapitalistischen Metropolen konzipiert war und nicht zuletzt auf gnadenloser Ausbeutung der kapitalistischen Entwicklungs- und Schwellenländer beruhte. Zweitens, weil der soziale Ausgleich auch in den Metropolen nicht durch tatsächliche Umverteilung von oben nach unten erreicht wurde, sondern in erster Linie auf Pump: Die Reichen wurden unbehelligt immer reicher, aber als Kreditnehmer schleuste der Staat dieses Geld in den volkswirtschaftlichen Kreislauf zurück. Das ging so lange gut, wie der Staat sich jeweils mehr Geld borgte, als er an Zinsen und Tilgungen zu leisten hatte. Aber das schöne Spiel hat ein hartes Ende. Denn mit jeder Schuldenrunde erhöht sich der Betrag der Verbindlichkeiten und der Zinsen. Kommen eines Tages Zweifel auf, ob die öffentliche Hand letztere überhaupt zahlen *könnte*, beginnt der Abstieg. Die Schuldtitel des betreffenden Landes finden nur noch zu höheren Zinssätzen Abnehmer, der Risiko-Aufschlag wächst. Denn das eben nicht konfiszierte, sondern nur geliehene Geld kann sich jederzeit alternative Anlagemöglichkeiten suchen. Unter den europäischen Ländern war besonders Italien lange Zeit mit diesem Problem konfrontiert. Hohe Zinsen aber verteuern die Neuverschuldung und engen den haushaltspolitischen Spielraum weiter ein. Setzt das Land die expansive Politik dennoch fort, werden neue Anleihen irgendwann unverkäuflich. Normalerweise wird eingelenkt, bevor es soweit kommt. Das Korsett der Austerität, das Deutschland seinen Nachbarn per Maastricht-Vertrag überstreifte, war keineswegs bloßes Produkt ideologischer Borniertheit. Dahinter steckte das durchaus rationale Kalkül, den Euro als Weltleitwährung und Alternative zum Dollar zu profilieren. "Haushaltsdisziplin" der Staaten, deren Bonität heute von großen Rating-Agenturen taxiert wird wie die jedes x-beliebigen Unternehmens, und niedrige Inflationsraten dank niedriger Massenkaufkraft sind unerläßliche Voraussetzungen dieses Vorhabens.

Unter solchen Bedingungen haben die keynesianischen Konzepte ausgedient. Es ist fruchtlos, sie wiederbeleben zu wollen. Auch die innerkapitalistische Alternative zur Verschuldung, der steuerliche Zugriff auf Profite und Vermögen, ist heute weitgehend verbaut. Die Internationalisierung gibt den großen Unternehmen nicht nur ein Druck- und Drohpotential zur Durchsetzung ihrer Interessen in die Hand, sondern auch tausend halblegale Möglichkeiten, die von ihnen bewegten Milliarden am Fiskus vorbeizuschieben. Nichts ist leichter, als Gewinne durch manipulierte Verrechnungspreise oder fingierte Kredite auf eine ausländische Holding oder Finanzierungsgesellschaft zu übertragen. Ein einzelner Staat ist gegen diese internationale "Effektivsteuersatz-Arbitrage" machtlos. So gelingt es deutschen Konzernen seit Jahren, rasant ansteigende Gewinne mit ebenso rasant schrumpfenden Steuerzahlungen zu verbinden. Die Körperschaftssteuer trägt heute noch ganze 3 % zum Steueraufkommen bei, 1985 waren es immerhin noch 7,3 %. Dieser Schwund rechtfertigt freilich nicht, die Reichen jetzt auch noch mit sinkenden Sätzen zu beglücken. Aber er deutet an, daß die Rechnung, durch höhere Kapitalsteuern ließe sich auch erheblich mehr Geld in die öffentlichen Kassen holen, möglicherweise ohne den Wirt gemacht ist.

Wo Gerhard Zwerenz unter diesen Bedingungen die Möglichkeit "dritter Wege" sieht, die den beschriebenen Tendenzen Einhalt gebieten oder diese gar umkehren könnten, geht aus seinem Text nicht hervor. Aber die Frage ist ernst. Welche Chance haben wir, wenn wirtschaftlich begründete Machtverhältnisse die politischen Reformspielräume auf das Niveau hilfloser Flickschusterei schrumpfen lassen, die Revolution indessen erkennbar nicht auf der Tagesordnung steht? Auf bessere Zeiten warten? Wohl kaum. An einer Stelle ist bei Zwerenz dunkel davon die Rede, daß "das Einverständnis lokaler Kapitalgruppen" gewonnen werden müßte. In der Tat, gegen den Willen der entscheidenden Kapitalfraktionen geht – systemkonform – nichts. Mit ihnen gemeinsam freilich geht nur, was ihnen nützt. Als es den sozialistischen Widerpart noch gab, "nützte" ihnen ein gewisses Maß sozialer Reform. Mit dem Gegner verschwand auch die Kompromißbereitschaft. Die eiserne Losung heute lautet: Akzeptiert wird nur, was die Rendite nicht schmälert. Bleibt also nur Unterwerfung, Lohnverzicht und "Bündnis für Arbeit" als linke Perspektive? Marx bewahre!
Daß die alten Reformkonzepte ihre Grundlage verloren haben, heißt, daß just "im Einverständnis mit Kapitalgruppen" keine auch nur im mindesten verantwortbare Politik mehr möglich ist. Es heißt nicht, daß durch massiven Druck von unten nicht neue Spielräume erkämpft werden könnten. Spielräume der Schadensbegrenzung, nicht der Problemlösung. Aber immerhin.
Was angesichts immer rüderer Angriffe des Unternehmerlagers gegen soziale Standards auf die Tagesordnung gehört, ist Widerstand. Nur wenn der vielgelobte "soziale Frieden" ernsthaft in Gefahr ge-

rät, werden Kapitalvertreter wieder Zugeständnisse machen. Trotz beispielloser Raubzüge gegen Einkommen und Besitz der großen Mehrheit regt sich bisher allerdings wenig Gegenwehr. Wer meint, Grund dafür sei das unerschütterliche Wohlbehagen der Betroffenen, wird durch aktuelle Umfragen eines Besseren belehrt. Nach Erkundigungen des Allensbacher Meinungsforschungsinstituts haben inzwischen nur noch 28 % der Ostdeutschen eine "gute Meinung vom Wirtschaftssystem der Bundesrepublik". "Marktwirtschaft und Menschlichkeit passen nicht zusammen", meinen 51 %. Nur 23 % der Befragten in Ost und West empfinden die bestehenden sozialen und wirtschaftlichen Verhältnisse als gerecht, unter den Ostdeutschen sind es gar nur 9 Prozent. 39 % der West- und 62 % der Ostdeutschen gehen davon aus, "daß unsere Gesellschaft auf eine ganz große Krise zusteuert", die mit den herkömmlichen Mitteln nicht lösbar ist. 44 % der Menschen im Westen und 56 % im Osten sind überzeugt, daß die Interessen von Arbeitenden und Unternehmern unvereinbar sind und Klassenkampf not tut[6]. Dennoch, gekämpft wird selten. Die Arbeitslosenaktionen beweisen zwar einen bemerkenswert langen Atem, haben die Breitenwirkung der französischen Proteste aber bisher nirgends erreicht. Die Bau- und Bergarbeiter wurden mit Versprechungen befriedet. Die Studentenrevolte hat sich im Uni-Alltag verloren. Wo besonders fiese Streichungen anstehen, flackert hier und dort Widerstand auf. Zumeist bleibt er allein gelassen.

Gerhard Zwerenz' These vom "Verschwinden des Proletariats" scheint eine Erklärung dafür anzubieten. Ich denke, keine zutreffende. Einerseits ist es richtig:

---

[6] siehe FAZ vom 25.2.98 und 14.10.98

Der klassische Industriearbeiter ist im Europa der Jahrtausendwende selten geworden. Dank Computerrevolution und Mikroelektronik wird die menschliche Arbeit im produzierenden Gewerbe zunehmend durch maschinelle ersetzt. In den kapitalistischen Schwellen- und Entwicklungsländern, in die ein Großteil der arbeitsintensiven Branchen ausgelagert wurde, sieht es allerdings schon anders aus. Berichte über die Lebensverhältnisse von Näherinnen asiatischer Textilfabriken oder über lateinamerikanische Plantagenarbeiter ähneln auffällig Engels' Schilderung der "Lage der arbeitenden Klasse in England". Pauschal kann also vom "Verschwinden des Proletariats" nur reden, wer über den europäischen Tellerrand nicht hinausschaut. Das ist die eine Seite. Die andere ist, daß die Zahl sogenannter "Working Poor" auch in den entwickelten Ländern wieder beängstigend wächst: Viele Millionen sind es inzwischen, die in Hire-and-Fire-Jobs oft bis zum Umfallen schuften, ohne Perspektive, ohne soziale Absicherung, mit einem Einkommen, das kaum zum Überleben reicht. Nicht nur in den USA, auch in Großbritannien, in den Niederlanden, nicht zuletzt in Deutschland schwillt der Sektor ungeschützter Billigjobs immer mehr an. Die neue Regierung zeigt keine Neigung, diesen Trend zu stoppen. Im Gegenteil: Ausdrücklich preist Kanzleramtschef Hombach in seinem jüngsten Buch die Vorbildlichkeit des amerikanischen Modells[7]. Die moderne Management-Literatur spricht von der Aufspaltung der Arbeitswelt in sogenannte *Core*- und *Fringe*-Jobs. Core-Jobs sind abhängige Beschäftigungen mit hohen Qualifikations-

---

[7] Bodo Hombach: „Aufbruch. Die Politik der Neuen Mitte", Econ Verlag 1998

anforderungen, wissenschaftlich-technische oder Leitungsberufe, deren Träger nicht beliebig auswechselbar sind; diese Arbeiten sind und bleiben hochbezahlt – schon um der Konkurrenzfähigkeit der Betriebe willen. Angestellte dieser Berufe sind auf kollektive Interessenvertretung kaum angewiesen und daher nur selten gewerkschaftlich organisiert. Ganz anders die sogenannten "Fringe"-Jobs, die die übergroße Mehrheit der Arbeitsverhältnisse, vor allem im Dienstleistungsbereich, bilden. Ihre geringen Qualifikationsansprüche machen die Jobholder austauschbar. In diesem Bereich setzen die Unternehmen auf das uneingeschränkte Ausspielen zwischen Arbeitenden und Arbeitslosen, zwischen In- und Ausländern, auf Hire-and-Fire eben, um Löhne und soziale Sicherungen auf ein kümmerliches Niveau zu drücken. Dank zunehmend deregulierter Arbeitsmärkte und eines sinkenden gewerkschaftlichen Organisationsgrades der Beschäftigten mit Erfolg.

"Ich habe nichts zu verlieren" und "Wir sind der Abschaum" steht in der FAZ[8] unter einem Photo, das drei amerikanische Jugendliche im Alter zwischen siebzehn und zwanzig Jahren zeigt. Sie kauern vor einer verfallenen Baracke; Bayview heißt der Ort, ein Abstiegsghetto nahe San Francisco. Die Zitate stammen von einem von ihnen. Die "Süddeutsche Zeitung"[9] berichtet über eine junge Frau aus Wiesbaden, die in ihren zwei Jobs, einem bei McDonalds, einem als Reinigungskraft, Tag für Tag zehn Stunden reine Arbeitszeit erreicht. Nicht gerechnet die drei Stunden Busfahrt zu den und zwischen den Jobs. Manchmal schläft sie im Stehen ein, für die Kinder

---

8 FAZ 21.11.98

9 SZ 20.8.98

bleibt keine Zeit, den Haushalt führt ihre älteste Tochter. Am Monatsende hat sie 1410 DM netto in der Tasche.

Weshalb wehren sie sich nicht? Geht es einem modernen "Working Poor", der sich in seinen zwei oder drei Jobs nicht selten über 70 Wochenstunden schindet und dessen einzige Absicherung für Alter und Arbeitsunfähigkeit in den Armenhäusern der Neuzeit, den Sozialämtern, liegt (in den USA nicht einmal das), geht es ihm wirklich besser als weiland den Proletariern in den Fabriken von Manchester? Der Unterschied ist eher, daß die arbeitenden Armen der Moderne in ihrer Misere viel isolierter, viel vereinzelter bleiben als die traditionellen Malocher in den großen Werkstätten. Auch ist der Druck der Unternehmer, gewerkschaftliche Aktivitäten zu verhindern, in diesem Bereich extrem hoch. Zugleich ist bisher nicht zu sehen, daß die Gewerkschaften sich besonders bemühen würden, diese Menschen zu erreichen. Hier liegt, denke ich, das eigentliche Problem. Will die Gewerkschaftsbewegung nicht aus einer Organisation der Arbeitenden zum Interessenvertreter einer kleinen Restelite regulär Beschäftigter verkommen, muß sie sich dieser Frage annehmen. Und zwar sehr bald. Hier sollte auch ein Schwerpunkt linker Aktivitäten liegen.

Aber es geht nicht nur – und vielleicht nicht einmal in erster Linie – um Organisationsfragen. Der wichtigste Grund, weshalb Gegenwehr viel zu oft ausbleibt, ist Resignation. Die gesellschaftliche Situation wird als zutiefst ungerecht und dennoch als ausweglos empfunden: Weshalb kämpfen, wenn man die Kräfteverhältnisse eindeutig gegen sich hat? Wozu aufbegehren gegen Unabänderliches? Gegen diese Ansicht ist nicht anzukommen, ohne die

bestehenden Verhältnisse prinzipiell in Frage zu stellen.
Natürlich ist die Standortideologie verlogen. Aber die Lüge besteht vor allem darin, den globalen Kapitalismus als quasi unabänderliche Sachlage zu behandeln. Das ist die stillschweigende Voraussetzung. Wird sie akzeptiert, ist die neoliberale Doktrin in sich weitgehend schlüssig – gerade deshalb ist sie so wirkungsvoll, gerade deshalb gelingt es ihr so gut, die Betroffenen in die sie ruinierende Umverteilungsmaschinerie einzuspannen.
Antikapitalistische Ziele sind schon deshalb hochaktuell, weil nur sie wirklich zeigen, daß es auch anders geht: ohne Renditezwang, ohne Profitgesetz. Weil sie ermutigen, sich zu widersetzen und die schamlose Bereicherung der Reichsten nicht länger als unumstößliches Faktum hinzunehmen. Wir Linken haben nicht die Macht, allein aus eigener Kraft eine soziale Widerstands-Bewegung auf die Beine zu stellen. Aber wir haben die verdammte Pflicht, das Unsere dazu beizutragen, daß sie sich entwickeln kann. Dazu gehört, daß wir (wer, wenn nicht wir!) darauf verweisen, daß Alternativen zur profitdiktierten Produktion möglich und machbar sind, daß es so, wie es ist, nicht bleiben muß. Es kommt darauf an, das sozialistische Programm konzeptionell weiterzuentwickeln, nach der Niederlage die Fähigkeit zurückzugewinnen, mit sozialistischen Ideen zu überzeugen. Sich mit der These "Von Rosa Luxemburgs Alternative Sozialismus oder Barbarei ist der erste Pol gelöscht" aus der Verantwortung zu stehlen, hielte ich für sträflich.
Aber, erwiderte Gerhard Zwerenz in unserer Debatte, niemand interessiert sich für unseren Antikapitalismus, niemanden locken wir damit hinter dem

Ofen hervor. – Nun, ich habe andere Erfahrungen gemacht. Als PDS-Direktkandidatin in Dortmund habe ich im letzten Wahlkampf rund sechzig Veranstaltungen bestritten. Nicht im engen Kreis ausgesuchter Altlinker, sondern an Schulen, bei Gewerkschaften, oft gemeinsam mit Vertretern anderer Parteien auf dem Podium. Außerdem standen wir ein- bis zweimal jede Woche mit unserem Infostand auf der Straße, besonders häufig in Dortmunds Nordstadt, einem traditionellen Arbeiter- bzw. heute Arbeitslosenviertel, in dem die registrierte Erwerbslosigkeit zwanzig Prozent übersteigt und etwa 18 % der Bewohner von Sozialhilfe leben müssen. Sicher, weder am Infostand noch bei den Podiumsdiskussionen ging es vordergründig um Systemtheorie und Kapitalismuskritik. Zentrale Themen waren Arbeitslosigkeit, soziale Existenzangst, die wachsende Kluft zwischen Arm und Reich, die Besorgnis gegenüber Rechtsentwicklung und erstarkenden Nazi-Parteien. Ausgehend von diesen Problemen aber läßt sich doch unschwer eine Brücke schlagen zur Frage ökonomischer Machtverhältnisse, zur Frage, weshalb unter den heutigen Bedingungen die wirtschaftliche Rendite mehr zählt als die Lebensperspektive Hunderttausender Menschen. Ich war – ehrlich gesagt – erstaunt, inwieweit im Verlaufe solcher Debatten antikapitalistische Positionen nachvollzogen wurden. Daß es so, wie es ist, nicht weitergehen kann, daß ein Herumdoktern an den schlimmsten Auswüchsen nicht ausreicht, sondern grundlegende Veränderungen, vor allem auf wirtschaftlichem Gebiet, not tun – diese Ansicht wurde von den meisten geteilt. Skepsis bezog sich eher auf das "Wie" dieser Veränderungen. Vergesellschaftung der Produktion wurde oft mit überzentralisierter Planung und unterschiedsloser

Verteilungs-Gleichheit identifiziert. Wenn man allerdings darauf hinwies, daß beides keineswegs Synonyme sind, daß eine sozialistische Ökonomie neben Rahmenplanung auch Hebel mikroökonomischer Regulierung und Leistungsanreize braucht, wuchs das Interesse, sich näher zu informieren.

Nach meinen Erfahrungen in diesem Wahlkampf kann ich wahrlich nicht bestätigen, daß sozialistische Ziele als "alltagsferne Revolutionsromantik" niemanden interessieren würden. Im Gegenteil: Die Fragen, die mir gestellt wurden, konzentrierten sich speziell auf unsere alternativen Konzepte. Und damit waren nicht in erster Linie kleine Änderungen im Rahmen der heutigen Verhältnisse gemeint, sondern es ging um grundlegende humane und soziale Alternativen. Gerade die werden – mit Recht – SPD und Grünen nicht mehr zugetraut.

Daß wir mit antikapitalistischen Positionen die Menschen erreichen können, diejenigen vor allem, die in sozialen Brennpunkten leben, zeigen u. a. unsere Stimmergebnisse in der Dortmunder Nordstadt. Dort erzielten wir in vielen Wahllokalen Erststimmen-Ergebnisse zwischen 6 und 7 %, die Zweitstimmen lagen bei durchschnittlich 3,2 % (Landesdurchschnitt NRW: 1,2 %). Auch die PDS-Zuwächse in anderen Ruhrgebietsstädten sprechen dafür, daß wir auf dem Weg sind, in diesem sozialen Milieu Fuß zu fassen. Ich persönlich halte das für eines der ermutigendsten Signale der 98er Wahl.

Wir haben gute Chancen, diese Akzeptanz auszubauen. Allerdings wäre dafür nach meinen Erfahrungen nichts tödlicher als der Eindruck, daß jetzt auch wir in dieser Kapital-Gesellschaft *angekommen* sind, daß auch wir uns abgefunden haben, daß auch wir keine wirklichen Alternativen, keine Ziele,

keine Visionen mehr zu bieten haben. Dann werden wir nicht gebraucht!
Die Revolte im eigenen Kopf, die Gerhard Zwerenz vorschlägt, kann ein erster Schritt sein, ein Stück Weg zum Ziel. Sie zum eigentlichen erschöpfenden Ziel zu erklären heißt, seinen Frieden mit den Verhältnissen gemacht zu haben. Ein "persönliches Beispiel von Alternativleben" zu praktizieren mag angenehm sein – wenn man es sich leisten kann. An sozialer Polarisierung und wachsender Armut im Land ändert es nichts. Sollen wir einer Dortmunder Sozialhilfeempfängerin, die nicht weiß, wie sie ihre kleine Tochter im nächsten Winter kleiden soll, weil die SPD-regierte Stadt für den Herbst das Kleidergeld gestrichen hat, die wütend und verzweifelt zum PDS-Stand kommt und nach unseren Ideen fragt, sollen wir ihr weiter nichts vorschlagen als eine "ironische Lebensform" und das Auskosten der "Möglichkeit, anders zu sein als die idiotischen reichen Sieger des langweiligen Alltags"? Sie käme mit Sicherheit nie wieder!
Wenn wir für wirkliche Alternativen stehen wollen, dürfen wir unser Denken nicht ins Korsett systemkonformer Regeln pressen. Es gibt keinen Grund, die Übermacht privater Banken und Industriekonzerne hinzunehmen. Marx ist nicht out, sondern aktueller denn je, freilich als offene, entwicklungsfähige Theorie, die niemandem das eigene Denken abnimmt. Wer aber meint, die Eigentumsfrage habe sich erledigt, sollte einen Blick in die tägliche Wirtschaftspresse werfen. Worum, wenn nicht um Eigentum, geht es bei den weltweiten Übernahmen, Fusionen, Zusammenschlüssen, bei Beteiligungserwerb und -verkauf? Worum, wenn nicht um Eigentum, geht es, wenn mächtige Kapitalgruppen die nationalen Regierungen unter Druck setzen, auch noch

ihr letztes wirtschaftliches Engagement zu privatisieren? Erst Eigentum sichert Macht und Einfluß. Rendite-Maßstäbe gelten nur da uneingeschränkt, wo kein staatliches oder sonstiges Gemeininteresse mehr dazwischenfunken kann, weil alle Anteile sich in privater Hand befinden.
Gleiches gilt aber auch umgekehrt: Nur dann, wenn sich die wirtschaftlichen Kernbereiche in gesellschaftlicher Hand befinden, wird auch die Gemeinschaft, und nicht nur eine kleine Schicht, von ihrer Entwicklung profitieren. Ein engmaschiges soziales Netz, das Sicherheit und Chancengleichheit für alle garantiert, wäre gegenwärtig sehr wohl finanzierbar. Freilich müßten die Gewinne der Wirtschaft dafür gesellschaftlichem Zugriff unterliegen, statt als wachsende Dividende in die Taschen der Reichsten zu fließen. 220 Milliarden Mark Vermögenseinkommen hat die deutsche Upperclass allein im letzten Jahr eingestrichen. Wäre dieses Geld gesellschaftlich verfügbar, bräuchte keine Kindereinrichtung, keine Schwimmhalle und keine Hochschule mehr um ihre finanzielle Ausstattung bangen. Auch das Problem Arbeitslosigkeit ließe sich lösen. Sobald die Wirtschaft nicht mehr den blinden Vorgaben maximaler Profite folgt, kann – und sollte – die anstehende Arbeit vernünftig auf alle Schultern verteilt werden. Arbeitszeitverkürzung wäre angesagt. Selbstredend bei gleichbleibenden oder sogar steigenden Einkommen, denn die nötige Arbeit geht ja gerade deshalb zurück, weil in gleicher Zeit immer mehr produziert werden kann. Allerdings wird sich unter sozialistischen Bedingungen auch herausstellen, daß es weit mehr Arbeit gibt, als es gegenwärtig scheint. Trotz drängenden gesellschaftlichen Bedarfs werden heute sehr viele Leistungen nicht erbracht, weil sie

sich privatwirtschaftlich nicht *rentieren* würden. Die öffentlichen Kassen wiederum können mangels Finanzen die Lücke immer seltener schließen. Eine Gesellschaft freilich, die Zehntausende Lehrer aufs Arbeitsamt schickt, während die Klassen an den Schulen immer größer werden, die Krankenhausbetten und Pflegeheim-Plätze reduziert, während qualifiziertes Personal zum Nichtstun gezwungen wird, eine solche Gesellschaft führt sich selbst ad absurdum. Wer kann sie für alternativlos halten?
Inzwischen geht der Renditewahn so weit, daß große Unternehmen sogar rentable Betriebsstätten schließen, wenn deren Rendite nicht das gewünschte Optimum erreicht. Kaum gab die Geschäftsleitung des Siemens-Konzerns den Rausschmiß einiger zehntausend Mitarbeiter bekannt, stieg sprunghaft der Kurs der Aktie. Auch die Metro wurde für ihre Ankündigung, alle weniger rentablen Geschäftsbereiche auszugliedern (was über kurz oder lang Massenentlassungen bedeutet), sofort von der Börse belohnt. Es könnten eben nicht "auf Dauer Renditeschwächlinge ... durchgeschleppt werden", kommentierte die FAZ verständnisvoll.
Sozialismus ist wahrlich keine Nostalgie, sondern eine hochaktuelle Frage, wenn es darum geht, die schreienden sozialen Kontraste, die Not und Lebensunsicherheit von immer mehr Menschen zu überwinden.

Gerhard Zwerenz
Kapital frißt Arbeit

Es gibt Kommunisten, Antikommunisten, Postkommunisten, Exkommunisten, Bürgerschreckkommunisten, kommunistische Sektierer sowie die Kommunisten, die von den Antikommunisten dazu erklärt werden, weil sie, ohne Feinde nicht auskommend, die alten Gespenster benötigen.

Sie alle bezeugen das Scheitern des revolutionären Marxismus am Projekt Demokratie. Sahra Wagenknecht hat recht: Marx lebt. Aber seine Revolution ist so tot wie Jesus, der in den Kirchen mausetot am Kreuz hängt.

Das einigende Band der Linken ist der zur bloßen Formel erstarrte Antikapitalismus. Im ersten Teil des Kommunistischen Manifests wird das Kapital aber auch als Produktivkraft der Bourgeoisie beschrieben – bis hin zur Vorahnung der heutigen Globalisierung. Freilich ist das Kapital nicht allein auf seine Verwertung aus, sondern auch scheu wie ein Reh. Den chaotisierten Großteil der Welt scheut das Kapital. Dort fehlen die Strukturen, die schon Marx für nötig hielt, Kapital in ursprünglicher Akkumulation zu bilden oder es anzuziehen.

Nach dem Ende des revolutionären Marxismus und mit dem Verschwinden der äußeren (Moskauer) Alternative bleibt nur die innere Konflikt- und Klassenlinie, "Kapital und Arbeit" genannt, mit modernen Mischverhältnissen, wo Kapital Arbeit frißt.

Wer sich heute einfach als Antikapitalist ausgibt, ohne den Doppelcharakter des Kapitals zu bedenken, ist ein Romantiker.

Die von Marx angezielte Aufhebung der Klassengesellschaft führte auf dem Moskauer Holzweg zum heutigen Chaos von Rüstung und Armut. Die Bolschewiki, diese Antikapitalisten, die das Kapital abschaffen wollten, wurden als Machtfaktor selber abgeschafft. Ihre Länder verkamen zur dritten und vierten Welt. Auch dies verstärkte den Trend zur Globalisierung. Erst jetzt kann das Kapital die Menschen rund um den Erdball unterwerfen, weltweit menschliche Arbeitskraft durch Automaten und Elektronik ersetzen und die gesamte Menschheit in kriminellen Reichtum und massenhafte Verarmung unterteilen.

Der konsequente Bruch mit der Moskauer Vergangenheit erst macht den Weg frei, der als 3. Weg bezeichnet wird, obwohl er besser 4. Weg zu nennen wäre. Er ist theoretisch vorher nicht festlegbar, sondern muß sich aus engagierter Praxis ergeben. Die klassenlose Gesellschaft kann nur ideales Endziel sein. Wer sie konkret praktizieren will, gleicht den Gläubigen, die ihren Gottesstaat auf Erden errichten wollen.

Im realen Parlamentarismus anzukommen ist ein Ziel, das voraussetzt, die Leninsche Idee von der Kaderpartei und der Führung durch eine Avantgarde zu verabschieden. Die Avantgardisten erwiesen sich bald als geschichtsblinde Funktionsbeamte, deren Macht im Staatsbankrott endete. Das hat die PDS erkannt. Doch krankt sie noch am Erbe der SED. Es fehlt an Evidenz. Nicht an gutem Willen.

Die Schwäche der PDS resultiert aus ihrer Stärke im Osten, die sie jedoch westwärts nicht mehr erreichen läßt als einen minimalen Sympathisantenkreis. Westlinke wollen nicht für die Fehler von Sowjets und

SED einstehen, von denen sie schon früher nicht viel hielten. Der Bruch der PDS mit der SED ist für die meisten linken West-Aspiranten unzureichend. Es genügt nicht, antifaschistisch, antirassistisch, antidiktatorisch, antikapitalistisch und antiautoritär zu sein. Es fehlt eine neue große humanisierende und organisierende Idee, wie sie die Grünen fanden.
Beide deutsche Staaten waren im kalten Krieg vom atomaren Untergang bedroht. Beide Regierungen standen jederzeit bereit, in tiefen Bunkern den Untergang des Volkes zu überleben. Dagegen regte sich Widerstand.
In beiden deutschen Staaten gab es kritische und humane Protest-Potentiale gegen den jeweiligen atomaren Kriegswahn. Wer diesen Wahn und die ewigen Feindschaften nicht fortsetzen will, muß Bündnisse schaffen. Die West-Linken, die Kommunisten in West wie Ost, aber auch die ehemaligen Bürgerrechtler der DDR, die heute nur ihre alten Feindschaften fortsetzen, erweisen sich als zukunfts<u>un</u>fähig und scheitern am Projekt Demokratie und Pluralismus genauso wie vorher die SED. Wir brauchen aber Friedensbündnisse.
Befanden sich West und Ost, für uns BRD und DDR, auf riskantem Kriegskurs, ist nach dem künftigen Kurs der Berliner Republik zu fragen. Als Folge imperialer US- und NATO-Politik bildet sich im Islam ein neuer Weltfeind heraus. Als Zerfallsprodukte des Moskauer Imperiums entstehen ethnische, nationalistische, rassistische und religiöse Krisen und Kriege. Folgt Deutschland der US-Politik, wonach die Welt ein US-Dominium zu sein habe, und wer sich wehrt, wird als Schurkenstaat isoliert und notfalls gebombt, so stellt sich die alte, überwunden geglaubte West-Ost-Situation in geographischer Veränderung wieder her:

USA und NATO samt Abhängigen gegen den Rest der Welt, diese milliardenstarke Menschheitsmehrheit, die so lange zum islamischen Fundamentalfeind erklärt wird, bis alle daran glauben.
Praktische Politik orientiert sich in Opposition dazu, nicht an schönen alten Glaubens- und Rezeptbüchern. Für Sozialisten lautet die Marxsche Botschaft: Den zehn Geboten fehlt als elftes Gebot: Du sollst nicht unterdrücken. (Was nun, ihr Christen und Genossen?) Wer den Widerstand gegen Unterdrückung jedoch bewaffnet leisten will – und Sahra bleibt da etwas undeutlich –, müßte sich stärker bewaffnen, als es die Sowjets jemals waren, müßte also bis an die Zähne gerüstet und stets kriegsbereit sein wie die USA. Was kann daran wohl sozialistisch sein? Können Sozialisten im 21. Jahrhundert noch so auf Kriege und Bürgerkriege setzen wie im 20. Jahrhundert? Müßten sie nicht die Zivilcourage besitzen, gegen die Unterdrückung des Menschen durch den Menschen und durch Waffen und Kriege anzukämpfen – waffenlos? Gewiß, bisher scheuten Sozialisten und Kommunisten vor dem Pazifismus zurück. Mit welchem Erfolg?
Liebe Sahra Wagenknecht, ich ging bisher auf Ihre orthodoxen Kommunismen nicht ein, sondern suchte Sie auf neue, unerwartete Gedanken zu bringen. Doch selbst wenn ich direkt antwortete, reagierten Sie mit Rückbezügen. Rede ich vom 3. Weg, antworten Sie mit FAZ-Zitaten. Erwähne ich das gewiß fragwürdige "Schwarzbuch des Kommunismus", ist es bei Ihnen "berüchtigt" – dann wird Stalin ein wenig beschuldigt, dann entschuldigen Sie selbst die Verbrechen, wenn auch wie üblich relativierend. Es läuft immer wie bei Kohl und Rühe, wenn es um die Verbrechen der Wehrmacht ging, da wird etwas

zugestanden, dann vor "pauschaler Verdammung" gewarnt. Nun ist das alles nie so ganz falsch, wie es auch nicht ganz richtig ist, am Ende aber kommt es doch pauschal: Aufrüstung und Kriegskurs gehen weiter. Bei Ihnen, Frau Wagenknecht, geht die alte Lehre weiter, und wenn das der PDS-Kurs wäre oder einmal würde, wäre die Linke so banal, unaufgeklärt und unfähig zur Analyse der eigenen Fehler wie eh und je.

Nehmen wir abschließend die These vom Verschwinden des Proletariats, die nicht von mir ist, aber von mir ins Spiel gebracht wurde. Ihre Antwort: Einerseits ist es richtig, aber ... Es folgt die übliche Suada: Dritte Welt usw. Das heißt, Sie wiederholen, was wir vor Jahrzehnten bei Herbert Marcuse so eindrucksvoll geschildert fanden – ich weiß noch, wie ich damals für Marcuse einen deutschen Verlag suchte.

Nichts dagegen, wenn Sie heute da neue alte Entdeckungen machen. Ich mag nur nicht teilnehmen an jenen Polit-Diskussionen, die spiralnebelhafte Formen annehmen. Oder auch wie Wendeltreppen aussehen, sich aber bald derart verjüngen, daß der Benutzer nicht mehr weiterkann, sondern steckenbleibt.

Sage ich "3. Weg", antworten Sie: "Die Idee ist alt. Eingelöst wurde sie nie." Ist das nicht genau das Argument, mit dem Sie Ihren orthodoxen Kommunismus vertreten? Müßte ich nun nicht antworten: Das wurde nie eingelöst –? Das meine ich unter Wendeltreppendiskurs. Sie stecken fest im 2. Weg, dieser neobolschewistischen Wendeltreppe ohne Ausgang.

Ihre Energie, Frau Wagenknecht, erinnert mich an Ulrike Meinhof. Als ich sie das letzte Mal lebend erlebte, argumentierte sie fürs Steinewerfen, ihr damaliger Ehemann assistierte dabei. Heute ist sie tot und fast vergessen, ihr Ehemann ein rechtskonservativer Noltianer. Bleiben Sie energisch, aber seien Sie klüger, wenigstens so klug, wie Sie längst sind, wozu aber die praktische Einsichtsfähigkeit gehören müßte, daß revolutionäre Scheinwelten die notwendigen neuen Revolutionen nicht ersetzen, sondern nur verderben können. Rosa Luxemburg war fürs 20. Jahrhundert eine so revolutionäre wie demokratische Alternative. Deutschland wollte jedoch Revanche für den verlorenen Weltkrieg, so mußte Rosa Luxemburg sterben, und das besiegte Reich versuchte es mit einem zweiten Weltkrieg.

Es gibt keine humane Korrektur der Geschichte durch Rückgriffe. Das gilt auch für die Linke, mindestens in Deutschland. Sie bleibt seit den Bauernkriegen immer geschlagen: 1848, 1871, 1918, 1933, 1968, 1989 usw.

Liebe Frau Wagenknecht, wenn Sie so bleiben, wie Sie sind, werden Sie sich von der zunehmend realitätsbestimmten Programmatik der PDS immer weiter entfernen.

Die möglichen Konsequenzen bedauerte sehr

Ihr Nichtgenosse

Gerhard Zwerenz

Sahra Wagenknecht
Opposition tut not

Lieber Gerhard Zwerenz,

Sie mögen keine Politdiskussionen in "spiralnebelhaften Formen". Ich auch nicht. Noch weniger allerdings mag ich – und dies nicht nur aus pazifistischer Neigung – das Schießen auf Pappkameraden. Frei nach Brecht: Wenn die Farbe meines Hutes rot ist, ärgert es mich, wenn jemand sagt, die Farbe meines Hutes sei dunkelgrau und wäre doch besser hellgrau. Ich rede über die Unfähigkeit des Kapitalismus zur Humanität und über eine Gesellschaft ohne Profithaie und private Wirtschaftsoligarchien; Sie reden von Bürgerkrieg, Steinewerfen und Individualterrorismus. Mit Verlaub, so kommen wir nicht weiter. Anschwärzen statt Argumentieren, das ist – mangels Argumenten – die alte Maxime des politischen Gegners im Kampf gegen die Linke. Ganz sicher ungeeignet ist dieser Diskussionsstil für Debatten unter Linken.

Es mag sein, daß Antikapitalismus für Sie eine "bloße Formel" ist. Für mich hat er einen sehr konkreten Inhalt, den nämlich, daß kein Herr Pierer, Schrempp oder Cromme mehr die Macht haben soll, im Interesse steinreicher Shareholder und maximaler Renditen Zehntausende Menschen auf die Straße zu werfen oder zum Malochen in ungesicherten Billigjobs zu zwingen. Sie, Herr Zwerenz, halten die klassenlose Gesellschaft für ein irreales Ziel; wer es anstrebt, gleicht für Sie einem Gläubigen, der seinen Gottesstaat auf Erden errichten will. Im Gegensatz zu religiösen Mythen erhebt der Marxismus allerdings den

Anspruch, eine rational begründete Theorie zu sein. Es ist Ihr gutes Recht, diese Theorie und damit auch die sozialistischen Ziele falsch zu finden. Aber wo, bitte, bleiben Ihre Argumente? Wo in Ihrem Text findet sich auch nur ein einziger nachvollziehbarer Grund, weshalb die Zukunftsfähigkeit der Linken ausgerechnet damit verknüpft sein soll, die Unabänderlichkeit der bestehenden barbarischen Ordnung zu akzeptieren? Wäre es nicht besser, wir würden darüber diskutieren, welcher Weg uns zu sozialistischen Veränderungen führen kann, in welchen Fragen die gesellschaftliche Analyse weiterentwickelt werden muß?

Ich habe in meinem Text zu begründen versucht, weshalb ich die soziale Polarisierung der Gesellschaft, die wachsende Kluft zwischen Arm und Reich für eine Folge der privatwirtschaftlichen Eigentumsverhältnisse halte; weshalb ich der Auffassung bin, daß eine humane, soziale und demokratische Gesellschaft nur auf Grundlage einer gesellschaftlich kontrollierten Ökonomie entstehen kann. Mein Hauptargument gegen den Dritten Weg war in diesem Zusammenhang übrigens nicht, daß er bisher nie eingelöst wurde. Auch das trifft zu, aber entscheidend ist, daß ich unter den gegebenen wirtschaftlichen Machtverhältnissen die Spielräume nicht sehe, die ihn ermöglichen sollen. (In Sachsen-Anhalt reichen die profitkonformen Spielräume offenbar nicht einmal aus, auch nur den bestehenden sozialen Status quo zu erhalten.)

Auf all diese Argumente gehen Sie nicht ein. Das einzige, was Sie dagegenhalten, ist das alte traurige Klischee: Kommunismus = Terrorismus = Bürgerkrieg ... Diese Ebene der Diskussion sollten wir eigentlich hinter uns haben.

Ja, wir brauchen breite Bündnisse. Der zunehmende Rechtstrend von Politik und Gesellschaft macht sie dringend nötig. Soeben hat die CDU mit faschistoidem Rechtspopulismus eine Landtagswahl gewonnen. Ich wünsche mir ein Zusammengehen mit allen politischen Kräften, die diesem Trend Widerstand entgegensetzen wollen. Jedoch wird solche Zusammenarbeit nicht gerade erleichtert, wenn der eine dem anderen "Zukunftsunfähigkeit" unterstellt. Das Verteilen solcher Etiketten sollten wir besser unterlassen.

Beim Ringen um eine realitätsnahe PDS-Programmatik haben Sie mich auf Ihrer Seite. Allerdings besteht die heutige Realität für mich in einem erzkapitalistischen, nach außen zunehmend aggressiven und nach innen zunehmend repressiven Deutschland, das einige Neigung zeigt, erneut die nationalistische Karte zu spielen, um wachsende soziale Kontraste zu übertünchen. Gegen all das tut Opposition not, mithin ein lautes, unüberhörbares, durch inner- und außerparlamentarische Aktionen untersetztes *Nein* und ein gesellschaftlicher Gegenentwurf, der zu überzeugen vermag. Eine programmatische Diskussion unter diesem Vorzeichen (nicht unter dem eines für einige Genossen offenbar unbezwinglichen Regierungsdranges) wünscht sich

Ihre

Sahra Wagenknecht

Dingsda-Bücher

Gerhard Zwerenz

Die Antworten des Herrn Z.

oder Vorsicht, nur für Intellektuelle

144 Seiten, geb., DM 26,00

Der Autor über sein Buch:

... Als ich im März 1993 in einem öffentlichen Briefwechsel mit Wolfgang Harich ein Zusammengehen von PDS und SPD erörterte, antwortete er: "Gerhard Zwerenz, alias Herr Z., hat recht ..." Bei allen Differenzen wunderte mich die Übereinstimmung und Harichs Beharrlichkeit, meine Kunstfigur des Herrn Z. und mich so glatt mit Hilfe eines "alias" zu homogenisieren. Erst als ich 1996 die inzwischen angewachsenen Stücke für diese Buchfassung vorbereitete, wurde mir deutlich, daß es eine Mentalitätsgeschichte geworden war – eine Sammlung aller Gründe, Emotionen, Argumente für und gegen ein Zusammengehen aller linken Kräfte in Deutschland. Mit der ihm eigenen feinen Witterung hatte Harich die Konsequenzen schon in den ersten Teilabdrucken wahrgenommen, als ich noch glaubte, mich bloß im aphoristischen Abseits tummeln zu können ...

Dingsda-Bücher

Walter Lehweß-Litzmann

Absturz ins Leben

360 Seiten, 25 Bildtafeln, geb., DM 45,00

Vom Ritterkreuzträger
zum Oberst der Luftstreitkräfte der DDR ...
"Seine Erinnerungen, mit vielen Dokumenten unterlegt, konnte Lehweß-Litzmann nicht mehr selbst aufschreiben. Zwar gelang es dem Schwerkranken bis zu seinem Tod 1986 noch, sie seinem Sohn zu diktieren - doch durfte das Zeugnis eines 'Überläufers', das auf prägnante Weise geschichtliche Zusammenhänge in der DDR darstellt, bis 1989 nicht erscheinen. Die jetzt vorgelegte Autobiographie, die zugleich die zahllosen Brüche im Leben eines geborenen Militärs plastisch macht, läßt erahnen, was für viele, die in der Wehrmacht dienten, die Motivation war, sich für die Gegenseite zu entscheiden."

Mitteldeutsche Zeitung

"Faktenreich, bekennerhaft und unbeschönigt ist die Darstellung, verfaßt in einem gut lesbaren, prägnanten Stil ..."

Sächsische Zeitung

"Dieses Buch gibt aufrichtige Antworten."

Neues Deutschland